사랑하는
나의 아들에게

Letters of

a Businessman

to his son

사랑하는
나의 아들에게

G. 킹슬리 워드 지음

김대식 편역

봄봄
스토리

연구하고 이해하며 행동하라

나는 지난 25년 동안 책들과 의미 있는 '사랑'을 나누어왔다. 위대한 책들, 그 책들은 내가 어떻게 살고 있는지, 어떤 방향으로 나아가고 있는지 깊이 생각하게 해주었다. 세월을 되돌아보면 책들이 바로 내 삶의 모든 차원을 향상시켜주었다고 말할 수 있다.

헨리 드러먼드는 천년 전에 세상을 떠난 사람이 지금 살아 있는 사람보다 우리의 삶에 더 큰 영향을 미칠 수 있다고 쓴 적이 있는데, 그 말은 전적으로 옳다. 과거의 인물들은 그들이 쓴 글을 통해 우리에게 확실한 영향을 주기 때문이다. 성인이 된 이후 나는 사람들이 각자 내면에 재능과 능력의 거대한 저수지를 가지고 있다는 사실을 일깨워주는 일에 내 삶의 대부분을 바쳤다. '가장 훌륭한 자원은 인적 자원'이라는 믿음을 바탕으로 북미 지역에 있는 세계적인 규모의 성공한 기업들에서 '인성 개발 세미나'를 실시해왔는데, 이 세미나에 참가한 수천 명의 사람들은 모두 자신에 대해 더 잘 알고 싶어 했다. 즉 자기만의 방식으로 의미 있는 인생을 살아나갈 수 있는, 좀 더 효과적이고 좋은 방법을 찾고자 했다.

이러한 '인간 지향의 사업'에 종사해온 세월은 나에게 한 점의 의심도 없는 확신을 한 가지 심어주었다. 자기의 인생에서 더 많은 것을 얻고 더 큰 보상을 누릴 수 있는 방법은 '언제나' 존재한다는 믿음이다. 지금 손에 쥐고 있는 이 책은 분명히 그런 방향으로 우리를 이끌어줄 것이다.

나의 진정한 친구일 뿐 아니라 위대한 기업가인 킹슬리 워드를 위해 추천사를 쓴다는 사실이 매우 영광스럽다. 누구보다 인정받을 만한 킹슬리 워드가 훌륭한 책을 썼다는 것은 너무나 당연하다. 그는 자수성가한 백만장자이며, 여러 기업의 회장으로 다수 단체세의 운영에도 적극적으로 참여하고 있는데, 인생이라는 게임의 승리자로 널리 알려져 있다.

세계 각지를 여행하면서 나는 킹슬리 정도의 높은 직책에서 일하는 수많은 인물들을 만났다. 그들에게서 내가 발견한 한 가지 공통점은 '사람들을 돕고자 하는 뜨거운 열정'이었다. 물론 킹슬리도 예외는 아니다.

킹슬리와 단둘이서 조용히 점심 식사를 한 적이 있었다. 음식도 훌륭했지만 우리가 나눈 대화는 더욱 좋았다. 이런저런 이야기를 나누다가 우리의 화제는 마침내 책의 주제에 대한 부분까지 도달했다. 바로 그때 킹슬리는 나에게 아주 흥미로운 이야기를 들려주었고, 그 이야기의 정점에서 지금 바로 여러분의 앞에 놓인 이 책의 출판에 관한 이야기가 나왔다.

킹슬리는 먼저 몇 주 동안 부동산 계획을 검토하느라 몹시 바쁘게 지냈다고 말했다. 성공적인 기업인이라면 누구나 사업에 관련된 모든 일들이 훌륭하게 처리되었는지 습관적으로 확인하게 마련이다.

하지만 킹슬리는 자신이 건설한 부동산이 아무리 만족스러워도, 가장 중요한 재산이랄 수 있는 자신만의 경험을 전해줄 수 없다는 사실이 매우 안타까웠다고 털어놓았다. 따지고 보면 그가 실질적인 재산을 축적할 수 있었던 것은 모두 그러한 경험들 때문이었다.

킹슬리는 그 고귀한 재산을 전달할 수 있는 방법을 찾다가 편지를 쓰자는 생각을 떠올렸다고 한다. 그런 만큼 각 편지에 는 그가 살아오면서, 때로는 엄청난 개인적인 대가를 치르고 얻은 귀중한 교훈과 원칙의 고갱이가 담겨 있다. 마침내 이 편지들을 모두 모아 정리한 그는 책으로 묶어 자기 가족과 가까운 친구들에게 보여주기로 결심했다.

나는 흥미를 느껴 그 글들을 읽어봐도 되겠냐고 물었다.

그는 친절하게 나의 부탁을 들어주었다. 편지들을 읽기 시작하자마자 나는 내가 헤아릴 수 없는 가치를 지닌 물건을 손에 쥐었음을 깨달았다. 그 글들은 킹슬리의 아들만을 향해 쓰여진 편지라기보다는 모든 아들과 딸들에게 필요한 내용을 담은 진정한 명언의 모음이었다. 삶의 모든 측면에 대한 소중하고도 실질적인 규칙들은 그 글을 읽는 누구에게라도 도움을 줄 수 있을 듯했다. 이런 종류의 책들을 수천 권이나 읽었지만, 대부분 중요하지만 비현실적인 정보들이 적혀 있을 뿐, 현실적이며 실제적인 생각이 담긴 책은 드물다. 그러나 킹슬리의 글에 담긴 규칙들은 바로 그 자신이 직접 삶에서 100퍼센트 완벽하게 그 효율성을 증명한 규칙들이다.

이 책을 읽는 동안 여러분은 편지들이 남성적인 목소리를 가지고 있다는 사실을 명심해야 한다. 아버지가 아들에게 보내는 편지이기 때문인데, 그럼에도 이 편지들에 담긴 내용은 남성과 여성 모두에게 골고루 적용될 것이다.

　오랫동안 나는 책을 많이 읽거나 암기하는 것만으로는 인생에서 성공할 수 없다고 말해왔다. 중요한 것은 현명한 생각들을 '이해' 하고 '적용'하는 일이다. 때문에 킹슬리 워드의 성공 경험에서 도움을 얻으려 한다면, 여러분은 직접 '연구하고, 이해해야 하며, 반드시 행동'에 옮겨야만 한다.

　이제 이 글을 마무리하면서 가장 적절하다고 생각되는, 불멸의 말을 들려주고 싶다. 소크라테스의 말이다.

　"다른 사람들이 쓴 글을 통해 당신 자신을 향상시키는 일에 시간을 들이라. 그러면 다른 사람들이 힘들여 이루어 놓은 일의 결과를 쉽게 얻을 수 있다."

밥 프록터

밥 프록터 | 저술가이며 비즈니스 컨설턴트이자 기업가이다. 긍정적인 생각과 자기 동기부여, 잠재 능력 강화에 대한 세미나와 강연으로 잘 알려져 있다.

목 차

도전하는
젊은이에게

나는 4년 동안 두 번에 걸친 대수술을 받으면서 사람의 목숨에는 한계가 있다는 사실을 절감했다. 그리고 만일의 사태가 일어난다면 유산 상속을 어떻게 할 것인지 결정해야겠다고 생각했다. 고심 끝에 사업의 소유권은 가족이 계속 가지고 있어야 한다는 판단을 내렸다. 당시 열다섯 살이던 아들과 열일곱 살이던 딸이 성장했을 때, 곁에서 직접 도움을 줄 수 없는 경우에 대비해 사업하는 과정에서 내가 힘들게 얻은 교훈을 전하고 싶다는 바람도 있었으며, 그런 바람이 유산 상속 계획을 세우는 데 중요한 기준이 되었다. 그리고 내 아이들이 걷게 될 가시밭길을 조금이라도 평탄하게 골라주고 싶다는 생각에서 나는 글을 쓰기 시작했다.

요즘 학교에서는 다양한 교과목을 아주 세부적으로 가르치지만, 정작 사업에 뜻을 둔 학생들에게 유익한 과목은 거의 없다. 편지를 쓰면서, 사람이 이 세상을 떠날 때는 그 사람과 함께 경험에서 얻은 많은 양의 지식도 하릴없이 사라져버린다는 사실을 깨달았다. 실제로 사업가가 빠지기 쉬운 함정에 대해 쓰고자 한다면 나보다도 유능한 사람은 과거에도 많이 있었고 지금도 많지만, 유감스럽게도 대부분의 사람들은 자기 경험을 글로 남기지 않는다. 내가 볼 때 상식이야말로 사업이라는 전쟁터에 가지고 갈 수 있는 가장 좋은 무기이다. 그러나 안타깝게도 많은 사람들은 전쟁터에서 전투를 벌이는 동안 그 사실을 까맣게 잊어버린다. 또 상식의 형제 격인 책임에 대해서도 종종 똑같은 일이 벌어지는데, 이 두 가지는 그야말로 성공의 기초이다.

사실 내가 언제부터 비즈니스 세계에서 촉망받는 자리에 서게 되었는지는 기억하지 못한다. 다만 나를 기다리는 수많은 함정을 뛰어넘으려 애쓰던 기억만이 생생한데, 지금도 똑같은 어려움이 이 세계에서 출세하려는 많은 젊은이들을 괴롭히고 있다. 여러 어려움 중에는 높은 산비탈에서 굴러 떨어지는 듯한 함정도 있었지만, 다행히도 나는 다시 일어서 올라갈 수 있었다. 하지만 계단에서 한 번 발을 헛디디면 언제나 그것보다 훨씬 낮은 계단에서부터 다시 오르기 시작해야 했다.

E 머스 헨리 헉슬리도 "젊을 때 겪는 몇 번의 실패는 대단히 유익하다."고 말했다. 실제로 실패 자체는 아무 문제가 되지 않는다. 중요한 것은 절망하지 않는 일이다. 방향 감각을 잃은데다가 전진하는 방법을 배울 의지나 욕구마저 상실하는, 실패의 늪에 빠져서는 안 된다는 것이다.

내가 이렇게 남기는 말이 누군가 인생에서 겪게 되었을 함정 몇 개를 제거하는 데 도움이 되기를 바란다. 다시 말해 이 글을 통해서 구덩이를 피하든지, 늪을 돌아가든지, 뛰어넘을 수 있으면 좋겠다고 생각한다. 또한 앞으로 사업계에 뛰어들려는, 또는 이미 그곳에서 분투하고 있는 젊은이들에게 배움은 교실을 떠나도 끝이 없다는 점을 강조하고 싶다. 사실 진정한 학습은 교실을 떠났을 때부터 시작되므로 성공이 찾아오기를 기대하려면 지금까지보다 더 학습을 중요시하고 최선을 다한다는 마음가짐으로 학습에 임할 필요가 있다 (하지만 젊은이라면 성공이 찾아오기를 기다리기보다 스스로 찾아가 힘껏 문을 두드리는 편이 좋지 않을까).

이 편지들에는 많은 사람의 말이 인용되어 있다. 철학자, 시인, 작가, 각계의 지도자, 정치가들의 명언이 다양하게 실려 있는데, 그들의 생각은 후대를 위해 기록되어 몇 세기나 전해내려 온 것이다. 내가 명언을 많이 인용한 이유는 단순하다.

인생의 괴로움이나 즐거움, 대부분의 상식은 나와 비교할 수도 없이 위대한 사람들에 의해 이미 숙고되어, 나의 사상과 견해들이 내 사고력이나 문장력으로는 어림도 없을 정도로 명쾌하게 그들이 남긴 말 속에 표현되어 있기 때문이다. 그런 이유로, 내가 말하려 하는 바를 강조하고, 그 의미를 명확히 하여 설득력을 높이기 위해 그들의 말을 거리낌없이 빌렸다.

우리의 두뇌는 대개 살아가면서 자기가 바라는 이상으로 많은 것을 이루어낼 수 있는 능력을 가지고 있다고 한다. 그래서 찰스 더들리 워너는 이렇게 표현했다.

"더욱 커질 수 있음에도 이 얼마나 작은 속물인가." 나는 워너의 이 생각을 진정으로 지지 하는데, 우리가 두뇌의 능력을 향상시키려 하지 않고 태만으로 스스로를 낭비하고 성공을 이루기 위해서는 노력을 빼 놓을 수 없다는 사실은 더 이상 강조의 여지가 없다. 그보다 더욱 중요한 일은 그 노력을 어떻게 성공으로 결부시키느냐이다. 실제로 오랜 세월 개미처럼 열심히 일하는데도 그 성과는 너무나 미약한 사람이 적지 않다. 무엇 때문일까? 그런 사람들은 '상식'을 활용하여 효과적인 방향을 정하거나 하는 노력을 쓸모 있게 하나로 결집시키지 못하고 있다는 사실이 너무나도 안타깝다.

성공하기 위해서는 먼저 인생의 목표를 설정해야 한다. 즉 자기의 목표를 정하고 나서 그것을 향해 매진하는 순서를 진지하게 생각해야 한다. 진로는 현실적으로 계획하는 것이 무엇보다 중요하기 때문이다. 물론 사회가 인정하는 지위를 바라지 않는 사람도 있을 테지만, 우리는 일생 동안 사회가 기대하고 요구하는, 혹은 필요로 하는 것보다 훨씬 많은 일을 할 수 있지 않을까? 나는 반드시 할 수 있다고 생각한다.

그런 점에서 이 편지들은 비록 아버지인 내가 아들에게 말하는 형식을 취하고 있지만, 사업 경영에 관심이 있는 사람이라면 누구에게라도 도움이 되지 않을까 기대한다. 한편 이 편지들을 쓰기 시작했을 당시 내 딸의 관심이나 장래의 목적은 사업과 동떨어져 있었기에 아들에게만 읽히려 했다. 그런데 딸도 그 뒤에 생각을 바꿔 진로를 고쳐 잡았으니, 혹시 이 편지를 다시 쓴다면 아들과 딸의 이름 앞으로 똑같은 애정과 열의를 담아 쓰고 싶다.

덧붙여 내 딸이 최근 사업에 뜻을 두었다는 사실이 나를 너무나도 기쁘게 한다는 걸 얘기하고 싶다. 오늘날의 서구 사회는 지식의 추구와 생활의 응용이라는 양면으로 끊임없이 발전하고 있다. 또한 여성은 세계 인구의 50퍼센트를 차지하고 있다. 내 딸이 세계 속에서 여성의 능력과 포부가 50퍼센트를 차지한다는 점에 눈을 떴다는 사실이 그 무엇보다 기쁘다.

실제로 오늘날 여성은 관리직 수준에서 시작하여 점점 사업 경영에까지 참여하면서 소중한 의견을 내놓고 있는데, 지금까지는 아깝게도 대수롭지 않게 여겨지거나 무시되어 사회적으로 심각한 손실이었다. 이런 이유로 내 아내와 나는 사업가가 되고 싶다는 딸의 희망과 선택을 크게 환영하며, 이후 내 딸과 아들의 성장을 뜨거운 관심과 사랑 그리고 기쁨으로 지켜볼 것이다.

꿈을 꾸어라!
시도해 보아라!
실패해 보아라!
그리고 성공하거라!

도전을 통해 성장해라

대단히 높은 학문 수준과 엄한 규율 등 훌륭한 교풍으로 잘 알려진 사립대학에 입학할 수 있는 기회가 아들에게 주어졌다. 하지만 아들은 그러한 대학의 면모에 기가 죽어 자신이 그 대학에서 잘해 나갈 수 있을지 심각하게 고민하고 있다. 아버지는 아들에게 조언을 하지만 입학을 결정하라고 강요하지는 않는다.

올 가을 세인트 앤드류스 대학에 입학을 허락하는 통지서를 받았다고 들었다. 그런데 네가 그 우수한 대학에 진학한다는 사실을 반기지만은 않다는 말을 듣고 깜짝 놀랐단다. 사실 그 명문 대학에 입학할 수 있는 기회를 얻는다면 날아오를 듯 기뻐할 젊은이가 많을 테니 말이다.

그들 대부분은 상당한 액수의 학비나 지리적 제약 또는 기준에 미치지 못하는 학업 성적 때문에 불행히도 입학이 불가능하다. 그러나 너는 고맙게도 그 중 어느 것도 문제가 되지 않는다. 오히려 거의 완벽한 조건을 갖추고 있지. 그런 네가 이 기회 앞에서 소극적인 태도를 취하고 있는 걸 보니 약간은 어리둥절하며 적잖이 불안하다.

하지만 그렇다고 해서 아버지로서 네가 바라지도 않는 방향으로 무작정 밀어붙일 수는 없구나. 그처럼 생활에 간섭을 받고 있는 아이들을 지겹게도 많이 보아왔으니 말이다. 너에게 말해주고 싶은 것은 인생이 단 한 번뿐이라는 사실이다. 아들아. 그만큼 힘껏 살아야 하는 거란다!

서른다섯, 마흔다섯, 쉰다섯이 되어 "내겐 기회가 없었다."고 말하는 사람이 많다. 그들 중 90퍼센트는 인생이 왜 자기 앞을 그냥 지나쳤는지, 왜 어떤 성과도 남기지 못했는지에 이런저런 구실을 들어 스스로를 납득시키고 있지. 물론 나머지 10퍼센트는 젊은 시절에 인생의 도전에 맞서 싸우지 않았음을 정직하게 인정하기도 한다. 나는 특히 그 사람들을 불쌍하게 생각하는데, 그들이 그 도전장을 받았을 때는 대부분 이길 조건도 갖추고 있었을 것이기 때문이다. 단지 그들에게는 도전을 받아들이고 그에 맞설 용기가 없었을 뿐이었다.

사실 삶의 방법. 생활 형태, 시간의 변화를 요구하는 새로운 상황에 직면했을 때, 그것을 성큼 받아들이기란 좀처럼 쉬운 일이 아니다. 나 역시 지금까지 가장 내리기 어려웠던 결정은 작은 시골 동네의 집을 떠나 1천 마일이나 떨어진, 아는 사람이라곤 한 사람도 없는 대도시로 가야 하느냐 말아야 하느냐 였으니 말이다. 그러나 당시에 나를 성공으로 이끌어줄 길은 그것밖에 없었다. 즉 몹시 외롭고 힘든 길이긴 했지만 거기에는 항상 성공이라는 목표가 있었지.

그래서 나는 스스로 정한 목표를 이루기 위해 최선을 다하자고 다짐했고, 그 도전에 맞섬으로 내 일생을 바꾸었단다.

너는 지금 새로운 학교와 맞붙어 싸우라는 인생의 도전을 받고 기로에 서 있다. 통계적으로도 입증된 확실한 성공의 길임에도, 다만 너무 험난하지는 않을까 하는 걱정에 발을 내디뎌보려 하지도 않고 있다. 다시 말해, 너는 그 젊은 나이에 이미 20년 혹은 30년 뒤 "인생은 내 앞을 그냥 지나쳐갔다."고 말할 것이 뻔한 생활을 시작하고 있는 것이다.

"인생에는 밀물과 썰물이 있어서 밀물을 타면 행운을 잡을 수 있지만 무시하면 낮은 파도에도 좌초되어 불행하게 생을 마감한다."

−세익스피어의 『줄리어스 시저』 중에서

본론으로 돌아가 네 앞에 펼쳐진 이번 기회를 다시 한 번 생각해보자꾸나. 해보자고 결심했다면, 어느 정도 손해는 각오해야겠지. 그러나 성공하지 못했다고 해서 누가 너의 팔을 베거나 감옥에 처넣을 리도 없고, 물론 네 오토바이를 빼앗지도 않을 것이다. 오히려 내가 너를 닥달한다면 그것을 계기로 우리는 말이 통하게 되겠지. 그런 경우는 비즈니스 세계에서 흔히 있는 일이기 때문이다. 그 덕분인지 나는 오늘날까지 결코 실패를 되풀이하지 않았다. 아들아, 과거는 몽상가에게 주어버리자. 우리의 머리는 오늘을 살아가는 진지함으로 가득 차 있어야 한다.

실패는 우습기도, 슬프기도 하다. 그런데도 우리는 이를 쓸데없이 부풀려서 위궤양이나 신경 쇠약, 근육 경련, 피부 습진 또는 안면 홍

조라는 증상을 겪곤 하지. 하지만 막상 어두운 운명의 날이 찾아와 그 진면목을 보게 되면 생각만큼 심각하지 않은 결과에 우리는 놀란다. 때로는 우리가 시간 외 노동까지 하며 고민한 비극의 대부분이 빗나가곤 하지.

네가 아는 것처럼 그 대학 학생들은 모두 전 과목 A의 성적을 거두리라는 기대를 받고, 또 그에 답하고 있다. 뿐만 아니라 대부분이 190센티미터 이상의 당당한 체구에, 몸무게 110킬로그램의 운동선수이며, 동시에 연구 과제를 짧은 시간 안에 부러울 정도로 훌륭히 해치운다고 하더구나.

그러나 나는 분명히 말해두고 싶다. 아니 조심스럽게 설명하고 싶다. 그 대학도 우수한 학생의 비율은 실질적으로 지금의 학교보다 높지 않다는 점을 말이다. 다만 다른 점이 있다면 그곳의 학생들이 지금 학교의 학생보다 더욱 노력하고, 그 결과 좋은 성과를 올린다는 것이지. 대부분의 사람이 그런 것처럼 머리나 능력 등 네가 갖추고 있는 요소는 모두 중위권 혹은 평균적인 범주에 속한다. 그렇다면 사실 그곳은 결코 거북한 장소가 아니란다. 오히려 우수한 동료들 속에 들어가면 너의 학습 방법이나 노력 정도가 자기도 알지 못하는 사이에 자연스럽게 향상될 것이다. 조류를 탈 테니 말이다. 물론 그 조류는 썰물이 아니다.

네가 '침투 작용'이라는 말의 의미를 잘 모르는 것 같아 그 정의를 말해주고 싶구나. 간단하게 말해 침투 작용은 어떤 생활에 완전히 젖어 있다 보면 그 생활의 분위기를 흡수하지 않을 수 없다는 원리이다. 즉 자질이 우수한 학생들에게 둘러싸여 있으면 너 또한 성공할 확률이 더욱 높아진다는 말이다. 사실 너는 멍하니 앉아 인생이 자기 앞을 그냥 지나치게 하는 타입이 아니다. 오히려 적극적으로 그 선두에 서고 싶어 하지. 그것이 적어도 지금까지 너에게서 받은 인상이란다.

그러나 도전을 받았을 때 취하는 태도는 사람에 따라 다르다. 예컨대 인생을 두려워한 나머지 목장의 암소만큼의 성과 밖에 올리지 못하는 사람이 있고, 도전을 삶의 보람으로 여겨 항상 새로운 싸움에 임하는 사람도 있다. 바로 이 양극단 사이에서 '상식'이라 불리는 기준으로 무의미한 도전과 의미 있는 도전을 구별한단다. 상식적인 너는 머지않아 도전이 인생의 일부임을 알게 되고 능숙하게 대처하리라 생각한다. 이기기도 하고 지기도 하는 것이 인생이지만 어느 쪽이든 너는 도전을 통해 그만큼 성장할 수 있음을 깨달으렴. 1495년 가브리엘 빌이 말할 것처럼 "싸우지 않고 정복하는 사람은 없다."

아들아, 네가 이번 도전을 비롯하여 인생의 도전에 어떤 식으로 맞서든 나는 항상 너를 신뢰한다.

– 너를 너무나도 사랑하는 아버지로부터

미래를 위해 뿌리는 씨앗

현재 열여덟 살인 아들은 미래에 대해 생각하고 있다. '훗날 경영 관련 일을 하려면 어떤 준비를 해야 하는가?', '어떤 교육이 필요한가?' 하는 문제로 고심하는 것이다.

대부분 사람들이 교육은 학교에서 받는 것이라 생각하는데, 사실 학교는 교육을 받는 훌륭한 곳이다. 특히 네가 다니는 고등학교는 우수한 학생들을 육성하는 곳으로 정평이 나 있지. 그 학교가 그처럼 훌륭한 교육기관으로 성공한 이유 중 하나는 규율을 중요시하기 때문이라고 생각한다. 물론 많은 사람들이 그런 학교에서 배우지 않고도 훌륭하게 성장하는데, 그들은 자제심에 의한 규율을 따르고 있기 때문이다. 그런 점에서 규율은 성공하는 사람과 그렇지 못한 사람을 구분하는 열쇠이다. 어쨌거나 좋은 학교나 학교생활을 함께 하는 좋은 친구들은 역시 유리한 출발점이 된다. 그런 만큼 이러한 조건과 내면의 바람직한 특성이 합쳐진다면 그 누구도 마음을 굳게 먹은 젊은이의 성장을 막을 수 없단다.

정식 학교 교육의 틀 안에서는 지적 호기심을 가지고 수업에 임하는 자세가 중요하다. 지식에 대한 욕구가 있으면 학습이 즐거워지기 때문이지. 그런데 네 친구들 가운데는 교사나 교육 제도에 대해서 불평을 늘어놓느라고 공부를 하지 않는 학생들이 많더구나. 교육 제도는 내가 학교를 다니던 시절부터 30년간 바뀌지 않았고 아마 앞으로 30년 동안도 큰 변화는 없을 것이다(거의 모든 교육자도 바뀌지 않는다). 그러므로 아들아, 제도에 대해 불평하기보다 슬기롭게 제도를 앞질러 가버려라!

사업가가 되고 싶다는 너의 희망에 박수를 보낸다. 젊은이들에게는 장밋빛으로 보이는 세계일 게다. 이를테면 고급 차, 여행, 호화스러운 레스토랑에서의 식사 등 돈에 대해 높아만 가는 너의 정열이 이미 눈에 선하다. 만일 네가 자기에게 적합한 활동 분야를 찾아내기만 한다면 행복한 인생을 보낼 수 있을 것이다. 하지만 문제는 이 '만일'이 아닐까 한다. 사업 분야는 상당히 넓고 복잡하기 그지없으며, 도산이나 스트레스에 의한 조기 사망이 넘쳐나는 세계이기도 하기 때문이다. 그러니 이들을 비롯하여 매일 매일 우리를 기다리는 수많은 함정을 피할 수 있도록 최대한 준비를 하려면 앞으로 10년 동안의 훈련 계획을 지금 바로 면밀하게 세워야 한단다.

그렇다고 이수 과목을 사업 경영에 관한 전문 과목만으로 좁히지는 말아라. 지식의 폭이 넓은 사람은 그 수가 적은 만큼 더욱 가치가 있다. 시야를 넓혀 세상을 보는 안목을 키워주고 언젠가 더욱 훌륭한 사업가가 되도록 이끌어주는 과목도 얼마든지 있으니 말이다. 정치학, 역사, 지리, 천문학 등은 그 중 극히 일부이다.

17세기 영국의 시인이자 비평가인 존 드라이든은 이 세상에 있는 것은 무엇이든 도움이 된다고 했는데, 나 역시 전적으로 그 말에 동감한다. 그래서 나는 너에게 매년 하나씩 새로운 학문을 시작하라고 권하고 싶구나. 그렇게 하면 인생을 바라보는 시야가 넓어질 것이고 더욱 새롭고도 지금까지와는 다른 생각을 갖게 될 터이니 말이다. 사실 네가 최종적으로 어떤 분야에 종사할지 아직은 알 수 없구나. 하지만 훗날 네가 비즈니스 세계의 지뢰밭을 통과할 때, 이렇게 축적한 아주 작은 지식들은 상상조차 할 수 없을 만큼 큰 도움을 준단다.

대학 교육은 너의 지적 능력을 높여주고 노력이 몸에 배게 한다. 그리고 하루, 일주일을 계획적으로 보내는 것, 많은 사람들과 사귀는 것, 스포츠를 즐기는 것, 여자 친구를 쫓아다니는 것, 술을 마시고 인생을 노래하는 것을 너에게 가르치도록 설계되어 있단다(단 마지막 세 가지에 너무 기울지 않도록 해라. 이것들은 어째서 인지 노력하지 않아도 하루의 밤을 포함해서—대부분을 차지하기 때문이다).

또한 프란시스 베이컨이 말한 성공의 비결도 손에 넣을 수 있다. 그는 "독서는 사람을 풍족하게 하고, 대화는 사람을 능숙하게 하며, 글쓰기는 사람을 정확하게 만든다."고 했는데, 이는 실제로 정상을 바라보는 사람에게 반드시 필요한 세 가지 무기이다. 따라서 틈틈이 책을 읽고, 글 쓰는 힘을 키우고, 많은 사람들과 사귀었다고 만족하면서 대학을 떠나는 날에 너의 사회 진출 준비는 완성된다고 말할 수 있겠지. 아버지도 이 방식을 따라 기초를 닦았는데, 그렇다고 해서 더 이상 배울 것이 없다고 생각한 적은 지금까지 한 번도 없었단다. 사람은 항상 배우며 나이가 드는 존재이니 말이다.

열여덟이라는 너의 나이에 반드시 해야만 하는 일이 있다면 그것은 10년 후에 어떤 일을 하고 싶은지 장래에 대한 비전을 갖는 일이다. 그와 함께 스물에서 서른 살까지는 배움의 기간으로 가장 중요하다. 장래의 업무에 필요한 공부를 이 기간에 마치지 않으면 영영 하지 못하고 끝나는 경우가 많기 때문이란다. 서른이 되면 네 생활은 아내와 자식의 것이 된다. 즉 그때가 되면 주택 대출금과 생계를 위한 돈벌이에 매달려야 하고, 직업을 위한 공부에 투자할 수 있는 시간은 극히 일부밖에 남지 않지. 심지어 그 나이가 되면 머리마저 젊은 시절처럼 능률적으로 돌아가지 않는다고 말하는 사람들도 있더구나.

물론 네가 서른 살에 도달하려고 하는 인생의 목표를 지금은 그저 꿈, 혹은 공상이라고밖에 말할 수 없을지도 모른다.

하지만 그것이야말로 현재의 너를 격려하며 동기를 부여하는 목표라고 생각해야 한단다. 그리고 사실 무언가 이루겠다는 목표가 없다면 그 긴 시간의 공부는 도저히 견딜 수 없겠지.

또한 목표는 매일 새롭게 세워야만 하는데, 그렇게 해야 힘든 과제, 시험에서의 실패, 논문에 대한 변변치 못한 평가, 따분한 교수, 어려운 필수 과목과 같은 역경을 극복할 수 있을 것이다.

목표를 정하면 그 목표에 대해 가능한 한 많은 정보를 얻기 위해서 노력해라. 많은 사람들이 법률가의 하루가 어떤 것인지 전혀 알지도 못하면서, 언젠가는 변해야만 하는 법률의 많은 측면을 예상조차 못한 채 '법률가가 되겠다.'고 생각하는데, 결정을 내리기 전에 그 직업에 종사하고 있는 사람과 대화를 나누어보는 것이 좋단다. 단, 그 사람은 인생에 대한 편견이 없는 사람이어야 한다. 자기가 선택한 직업에 너무 몰입하여 법률이 이 세상의 유일한 화제라고 생각하는 사람과는 이야기를 나누어도 소용이 없지. 반대로 자기가 선택한 직업에 싫증이 난 사람과 대화를 나누는 것도 무의미하다. 훌륭한 조언자라면 상대가 이루어야만 하는 목표에 대해 조언을 아끼지 않을 것이고, 상대가 목표를 달성하여 법률 사무소를 개업했을 때 어디까지 기대할 수 있는지 가르쳐줄 것이다.

이런 준비를 게을리 하면 귀중한 시간을 허비할 뿐 아니라, 애초에 시간과 노력을 아끼지 않고 주의 깊게 살펴본 후 선택했으면 더욱 즐거운 직업을 가질 수 있었음에도, 꼬임에 빠져 하찮은 직업에 끌려들었다는 기분을 평생 씻지 못하게 될지도 모른다.

아무튼 충분히 검토한 후 진로를 결정했다면 법률가, 공인회계사, 사업가, 무엇이 되든 여름방학 중에 자신이 선택한 분야의 일을 경험해보는 것도 좋겠지. 물론 지금은 독서에 전념해야겠지만 그와 함께 중요한 사실을 놓치지 않도록 해라. 네 자신이 선택한 직업에서 어느 정도의 성공을 거둘 수 있는지 판단하기 위해서는 역시 장래에 종사하고자 하는 일을 실제로 해봐야만 하기 때문이다. 그러므로 아버지 또는 친구들에게 부탁하여 앞으로 맞붙으려고 생각하는 분야에서 아르바이트라도 경험해보는 것이 중요하다. 이에 대해 토머스 헉슬리 역시 "인생의 위대한 목적은 지식이 아니라 행동이다."라고 말했는데, 나 또한 그 말에 덧붙이고 싶구나.

"인생의 위대한 목적은 지식이 아니라, 지식의 활용이 명령하는 행동이다."라고 말이다.

나는 매년 여름방학이 되면 고향의 제지 공장 경리부에서 일을 했는데, 그것은 매우 좋은 경험이었다. 그때 내가 겪은 에피소드에 네가 한 번쯤 귀를 기울였으면 한다. 어느 여름 나는 경리직 배치를 받지 못하고 그 공장에서 육체적으로 가장 힘들고 지저분한 일을 하는 처지가 되었는데, 하루 8시간, 주6일, 교대제 작업이었다. 나는 그 일을 통해 두 가지 사실을 뼈저리게 깨달았다. 이런 일을 평생 해야만 하는 사람이 있다는 것, 또 그 사람들은 자기 삶에 부여받은 시간 대부분을 가혹한 작업 조건 속에서 보내야 한다는 점이었는데, 아무튼 두 번 다시 그런 사람들 속에 들지 않아야겠다고 결심했다.

다시 한 번 강조하지만, 아들아 너는 책을 보지 않는 나머지 시간을 허비해서는 안 된다. 아무쪼록 여가 시간을 미리 계획하여 자기가 택한 직업 분야에 대한 경험을 쌓는데 쓰기 바란다. 사실 네 나이에서는 거의 모든 것이 새로운 경험이지. 배움은 늦은 것보다 빠른 편이 낫단다.

그렇다면 친구들과 어울려 맥주를 한두 잔 마시는 대신 차라리 1년 휴학하여 세상을 보아두자는 말이 나올 수도 있다.

그리고 이런 이야기가 나오는 시기는 대개 공부가 어려워지거나 무거운 짐이 될 때, 혹은 변변치 않은 성적표가 아버지에게 날아와 소동을 일으키기 직전임이 분명하다. 이처럼 학업의 중단을 생각하는 근거는 나의 학생 시절과 비교해서 색다를 것도 없고, 타당성이 늘어난 것도 없다. 지금도 그때와 마찬가지로 많은 학생들은 배낭 하나로 세계를 무전 여행하는 것이 교육적이라는 이유로 스스로를 설득하고 있더구나.

분명히 거기에는 좋은 면도 있다. 그러나 내 개인적인 의견으로는 그러한 여행을 생각하고 있는 학생의 대부분이 게으름뱅이이다. 즉 이대로 공부를 계속하고 싶지는 않다는 마음에 도피처를 찾는 것이 며, 그럴 때에 여행만이 의미가 있다는 생각을 갖고 사회 공부를 들먹이게 된다. 하지만 통계적으로도 확증되어 있듯이 이러한 학생들 가운데 신성한 배움의 전당으로 돌아오는 학생은 극히 드물다.

혹시 너도 어떻게든 유럽 배낭여행을 하고 싶다면, 대학이 방학하는 기간을 택하여라. 이런 종류의 교육을 받는 데는 그 정도의 시간으로 충분하다고 생각한다. 그리고 네가 진정으로 여행을 고려하고 있다면 거래를 하자꾸나. 1년 유학을 하고 말 그대로 땡전 한 푼 없이 여행을 하든가, 내가 내주는 비용으로 5월에 떠나든가. 어쩌면 너는 이것을 뇌물이라고 말할지도 모르겠지만, 그럼에도 나는 뻔뻔스럽게 제안하겠다. 머리에 너무 긴 휴식을 주면 하루에 네다섯 시간 학습할 수 있는 상태로 되돌리기가 얼마나 힘든지를 나는 알고 있기 때문이다.

다시 본론으로 돌아가 네가 선택한 직업의 선배들 조언대로, 대학 과정을 무사히 수료한다고 해도 그 뒤 5~6년은 더욱 배움에 힘쓰고 경험을 쌓아야 한다. 나는 다소 편견을 갖고 일하는 공인회계사이며 내 전문 분야는 비즈니스 세계에 뛰어들려는 사람에게는 두말할 나위 없이 좋은 훈련장이라고 생각하고 있다. 아니면 경영학 석사 학위를 취득한 후 마케팅 부문에서 몇 년 경험을 쌓는 것도 좋겠지.

거기에 더해서 사회에서의 이 기초 훈련 기간에 훌륭한 지도자를 만나려는 노력을 아끼지 않는다면, 너는 빠르게 성장하여 이윽고 정상까지 오를 수 있을 것이다. 물론 무능한 교사는 너를 먼 길로 인도할지도 모른다. 그런 경우에는 일의 요령을 익히는 데 아마도 몇 년

이 더 걸리겠지. 어쨌거나 네 노력이 부족하면 너는 이력서를 고쳐
써서 새로운 직장을 구하러 다녀야만 한다. 미리 말해두지만 아버지
의 회사에서 편하게 일하자는 따위의 생각은 하지 말아라. 네가 서
른 살쯤 되어 가족의 사업을 경영할 마음이 있다면 나는 기꺼이 너
를 채용할 것이다.

　그러나 네가 이 단계에서 우리 회사에 입사한다면 5년에서 10년
정도 더 경험을 쌓게 할 작정이다. 숙련된 경영자가 되기 위해서는
더 많이 배워야만 하기 때문이다. 물론 대학 시절처럼 시험 성적을
위해 공부할 필요는 없으며, 통지표도 없다. 다만 매달 발부되는 손
익 계산서만이 네가 사회에서 성공했는지 실패했는지를 가늠해줄
뿐이다. 사실 네가 고객, 구매처, 종업원, 경영진에 대해서, 그리고
외부의 힘(홀로는 어찌할 수 없다.)과 내부의 힘(스스로 어떻게든 할 수 있다.)
을 조정하는 경영 방법을 익히기까지는 적어도 5년은 걸린다. 그리
고 이때쯤이 되어야 너는 고급 차나 여행, 호화스러운 레스토랑을
즐길 수 있다.

　한마디 덧붙이면, 사업은 부서지기 쉬운 꽃병과도 같아서 상처가
없을 때는 아름답지만 깨짐과 동시에 그 형태를 원래대로 되돌리기
가 너무나도 어렵다는 것이다. 그런 생각을 하면서 샘 버틀러의 말
을 적어보겠다.

"뛰기 전에 앞을 보라.
뿌린 씨앗을 스스로 거둬라."

                                        – 너의 진로 교관으로부터

성공을 향해 전진해라

아들 입장에서 보면 아버지는 대단한 성공을 거둔 사람이고, 아버지를 따라가기란 무리이다. 더욱이 아버지는 상당히 머리가 좋고, 굉장히 박식하며, 자신감으로 가득 차 있다. 결론적으로 자기는 절대 아버지 같은 사람이 될 수 없으며 아버지가 수행하는 큰 임무는 도저히 이어받을 수 없다고 생각하는 것이다.

　최근 나는 어떤 교사에게서 성공한 아버지의 아들에게 닥치기 쉬운 시련과 함정에 대한 이야기를 들었는데, 그는 먼저 성공한 사람의 뒤를 따라 성장하는 괴로움에 대해 말하더구나. 그것은 젊은이가 적응해야 할 가장 어려운 과제의 하나라고 말이다. 젊은이는 대개 아버지와 같이 훌륭한 사람이 될 수 없다고 생각하기 때문인데, 실제로 많은 수의 젊은이들이 시도도 해보려 하지 않는다. 아버지에게서 물려받은 재능을 향상시키려는 노력도 하지 않고 포기해 버린다니 슬픈 이야기가 아니냐.

그 순간 나는 문득 너에게도 그런 마음이 있을지 모른다는 생각을 했다. 그래서 네가 그런 상념에 사로잡히지 않도록, 그러니까 너의 입장을 인생에 맞서지 못하고 꽁무니를 빼는 구실로 삼지 않았으면 하는 마음에 지금까지 내가 겪은 일을 두 세 가지 이야기해주련다.

고등학교 시절 내 성적을 밝히자면 1학년 때는 60점, 2학년 때는 65점, 3학년 때는 75점이었다. 그러고도 대학에 진학했는데 내 머리 덕은 아니었다. 다행히 지방의 진학 희망자를 우대하는 특별 제도로 입학하여 첫 2년간의 교양 과정은 꽤 열심히 공부했지만 결국 그다지 좋지 않은 성적으로 학업을 마쳤다. 분명 열심히는 했지만 무엇을 배워도 이해가 늦기 때문이었다.

그 후 나는 첫 공인회계사 시험에서 떨어졌다. 믿을 수 없었고, 너무나 실망스러웠다! 6년 동안 대학에서 배운 모든 것이 허공으로 날아갔기 때문이다. 한마디로 이젠 끝장이었다! 이런 마음에서인지 다음해 치러지는 시험에 재응시를 허락받았을 때에야 비로소 '후유' 하고 안도의 한숨을 내쉬었다.

그런 다음 나는 시험에서 실패한 원인을 깨닫고 같은 실수를 반복하지 말자고 결심했지. 사실 어려운 수수께끼를 푼 것은 아니었다. 노력이 부족했으니 말이다. 어쨌건 나는 그 실수를 다시는 되풀이하지 않았고, 그 후에도 그러기 위해 계속 노력하고 있다.

하지만 일과 공부의 습관은 좀처럼 익숙해지기 어렵단다. 가장 먼저 배우고 싶다는 자연스러운 욕구와 집중력의 향상이 필요하기 때문이다. 그리고 무엇보다 부지런함이 요구된다.

물론 이 바람직하고 생산적인 태도를 몸에 익히는 일은 90퍼센트의 사람에게서 분명히 어려운 일이 아닌데, 그럼에도 실제로 그러한 태도를 익히는 사람은 적다.

네가 혹시 아버지는 모든 일에서 성공을 거두었다고 생각한다면, 너는 내 인생의 전모를 모르고 있는 것이다. 사실 성공한 사람은 처음부터 끝까지 승리를 향한 외길을 걷고 있는 듯 보이지. 그러나 그들에게는 그 길을 계속 걷기 위해서 패배할 때마다 요구되는 끈기가 있으며 제3자에게는 그것이 보이지 않을 뿐이다. 실제로 나는 깨지지도, 실패하지도, 낙담하지도, 그리고 욕구불만에 시달리지도 않고 줄기차게 성공을 거두는 사람은 보지 못했다. 그런 점에서 괴로운 시기를 얼마나 잘 극복했는지가 승자와 패자를 구별하는 척도라고 생각한다.

이미 앞에서 패배를 두려워한 나머지 경쟁에 나서지도 않는 사람에 대해 몇 번이나 이야기했듯이 말이다.

사람은 실패할 때마다 무엇인가를 배운다. 그 중에는 귀중한 교훈을 얻는 실패도 있다. 내 경우도 공인회계사 시험에 떨어진 일은 과거 25년간 내 머리를 떠나지 않았다. 그 교훈은 무엇일까? 그것은 노력하지 않고 얻을 수 있는 것은 없다는 사실이었다. 별다른 방법이 없다. 힘껏 노력하면 대개의 경우 무언가를 이룰 수 있다. 행동이 민첩한 사람이 경쟁에서 이기는 것이 아니라, 과거의 경쟁에서 배우고 그 교훈을 실천한 사람만이 승리한다.

그런데도 사람들은 성공한 사람의 현재 모습만을 보려는 경향이 있다. 다시 말해 그의 노력, 실패, 욕구불만 그리고 지금까지 맞서서 극복한 많은 시련들은 눈에 보이지 않는다는 것이다.

그러나 앞길에 목표를 세우는 사람은 항상 그것에 다가가려고 노력한다. 그렇기 때문에 네가 스스로 정한 목표는 매우 중요하다.

아들아, 이 다음에 네가 아버지를 생각해보려는 마음의 여유가 생기고 그 뒤를 잇는다는 일이 힘겹다고 생각되면, 너는 아버지보다도 상당히 유리한 출발점에 서 있다는 점을 떠올리기 바란다. 어떤 점에서 그렇게 말할 수 있을까? 첫째로 네 성적을 들 수 있다. 지금까지 네 학력 수준은 나보다 높다. 둘째로 사회 경험도 그렇다. 네 나이에 나는 작은 마을을 떠난 적이 없었고 대도시의 복잡하고 다양한 상황에 대해서도 전혀 몰랐다. 마지막으로 네 부모는 네가 더 나은 인생으로 나갈 수 있도록 도움을 줄 수 있지만, 나의 부모는 그때 이미 두 분 다 65세였다. 다정하고 자식에 대한 애정은 많았지만 사업 경영이나 우리가 살고 있는 사회 환경에 대해서는 아무것도 알려주지 못했다.

또한 너는 학교에서 반장으로 선출되는 명예를 얻었고 농구 제2팀의 주장이기도 하다. 그런가 하면 세 번의 다리 수술에도 굴하지 않고 3년간 미식축구를 해왔으며, 고등학교 군사 교련대의 대장이었다. 결론적으로 너는 지도자로서의 자질을 모두 갖추고 있는데, 이는 누가 보아도 분명한 사실이다.

생각해보아라. 너는 내가 네 나이에 한 것보다 아득히 많은 일을 이미 성취했다. 그런데 이 사실이 앞으로 바뀌게 될까?

물론 너는 도덕심, 열의와 함께 근면함과 책임감을 일상생활 속에서 유지해야만 한다. 먼저 타인과의 교제 속에서 어떤 식으로 처신하는가를 통해 너의 도덕심이 평가될 것이다. 또 미식 축구장에서 혹은 농구 코트에서 펼치는 활약은 네가 어떤 열의의 소유자인가를 보여준다. 그런가 하면 네가 공부에 투자한 시간과 집중력은 근면함 혹은 그것의 결여를 증명하겠지. 그런 만큼 일상생활 속에서 무슨 일을 하건 이것을 염두에 두면 좋겠다. 덧붙여 "이것이 책임 있는 태도일까?"라는 질문을 늘 스스로에게 던졌으면 한다. 결국은 얼마나 책임을 다할 수 있는가가 네 성공의 정도를 결정하기 때문이다.

너는 이미 많은 것을 달성했고, 누가 보아도 분명한 발걸음으로 오르막길을 올라가는 유망한 젊은이이다. 그러므로 너는 이제 훌륭하게 시작한 것을 끝내기만 하면 된다. 앞에 기다리고 있는 성공을 향해 계속 전진하면 되는 것이다.

아버지라고? 상대도 되지 않는다고? 언젠가 네가 이 아버지를 능가할 것이다!

— 너의 응원단장으로부터

쉬지 않고 노를 저어야 한다

아들은 대학 2학년 중간시험에서 좋지 못한 성적을 거두었다. 1학년 평점인 B에서 풀썩 내려앉은 것이다. 아버지는 그 하락 추세가 역전되기를 바라면서 편지를 쓴다.

네 중간시험 성적표를 받았다.

그런데 살펴보니 D, D. C 라는 기묘한 문자가 나열되어 있더구나. 나는 이런 것들을 본 적이 없었기에 친구에게 그 의미를 물어보았다. 네가 직접 그 대답을 듣는다면 1학년 성적이 나왔을 때 우리의 시선을 집중시킨 자기만족에 찬 웃음이 조금은 빛을 잃을 것 같구나. 그렇지만 네가 이번 학기에 밝은 모습을 보였고 마음껏 즐긴 만큼 앞으로는 잘하리라 믿는다. 나는 그렇게 기대하고 있다. 그런데 너는 여가의 대부분을 잠든채로 보냈단 말이냐?

오르막길에서 자동차를 미는 것이 얼마나 힘든지 잘 알 것이다.

물론 도중에 쉴 수 없다는 말은 아니지만, 대개의 경우 끝까지 밀지 않으면 차는 언덕 밑으로 미끄러져 내려온다. 결국 처음부터 다시 시작하지 않으면 안 되겠지. 일이나 학업도 이와 똑같단다. 어제 아무리 열심히 했더라도 항상 조금씩 꾸준히 노력하지 않으면 곧 그 여세를 잃는다는 점에서 말이다.

실제로 그 여세를 잃으면 너는 일을 성공적으로 끝낼 수 있는 길에서 벗어나 과거의 노력을 탕진하기 시작한다. 참고로 여기서 말하는 너의 일이란 대학 졸업을 말하는 것이다.

내가 지금의 너보다 한두 살 어렸을 때의 이야기이다. 나는 대학 1학년 동급생 가운데 상당히 성적이 좋은 학생이 몇 명 있던 것을 기억한다. 그들이 얼마나 부러웠는지! 간단하게 좋은 성적을 거두는 그들 옆에서 나는 겨우 B-를 따기 위해 맹렬히 공부해야만 했으니 말이다. 하지만 2학년이 되어서는 사정이 완전히 뒤바뀌었단다. 놀랍게도 2학년이 끝날 무렵에 그 중 약 1/3의 학생이 중도에 포기를 했는데 낙제한 사람, 그만 둔 사람, 심지어 쉬운 학과로 옮겨간 사람도 있었지, 그 대부분이 고등학교에서 공부를 잘 한 덕분에 그 여세를 타고 좋은 성적을 거두던 학생들로, 쉽게 말해 그들은 그 여세를 잃고 말았던 것이다.

이는 그들이 첫 해를 너무 마음 편히 보낸 탓이라고 생각하는데, 실제로 그들은 다음해도 똑같이 보낼 수 있으리라 생각했을 게다. 물론 너무나 안이한 생각이었지만 말이다. 어쨌든 다시 현실에 눈을 떴을 때 이미 너무 늦어버린 사람도 몇 명 있었지. 학문의 길로 돌아오기 위해서 공부에 전념해야 했지만, 그들은 이미 자신을 엄격하게 제어할 힘을 잃어버린 것이다. 바꿔 말해 아래로 향하는 관성을 역전시킬 수는 없었다는 것이지.

너 역시 앞으로 몇 년이 지나면 인생이란 오르막길에서 벌이는 싸움이라는 것을 알게 된다. 즉 하나의 과제를 완수했다고 생각할 겨를도 없이 바로 다음 과제가 밀려온단다. 그런 만큼 착실하게 노력을 쌓지 않으면 인생의 실패 확률은 점점 높아진다. 성공하는 사람과 그렇지 않은 사람을 나누는 기준도 바로 이 점이고 말이다.

물론 네 성적표는 그렇더라도 네가 1년 동안 막연하게 보낸 흔적은 없다. 다만 인생에는 가끔 카누를 타고 강을 거슬러 올라가야 하는 단계가 있음을 잊고 있는 것 같아서 하는 말이다.

실제로 강줄기를 거슬러 올라가고 있을 때 노를 젓지 않으면 눈 깜짝할 사이에 하류로 저만큼 떠내려가고 만다! 그런데 인생에도 이러한 흐름이 있어서 노를 잡은 손을 쉬고 싶더라도 대학교 2학년이라는 급류에서는 절대 마음을 늦춰선 안 된다. 또한 강에서 휴식을 취할 때에도 흐름을 잘 피해서 쉴 장소를 주의 깊게 골라야 하는데, 공부 도중에 휴식을 취할 때도 마찬가지이다.

1년에 7개월은 성실하게 공부에만 전념하라는 것이 무리한 주문일까? 만약 그것이 무리여서 네가 D로 대학을 졸업한다면 우리 회사에 입사해서 매우 불쾌한 충격을 받을 것이다. 우리는 1년에 11개월 반의 성실한 노력을 요구하면서도 어느 부문에서나 A만을 받아들이기 때문이다.

물론 실업보험법은 1년에 5개월의 연속적인 휴식 기간을 허가하고 있지만, 너 정도의 자질을 갖춘 사람이 놀면서 돈만 받는 생활을 언제까지 행복하게 누릴 수 있을지 모르겠다.

아들아, 혹시 네가 장래 일류 사업가가 되겠다는 생각을 갖고 있다면 "굴뚝새의 날개로는 독수리처럼 날 수 없다."는 사실을 늘 잊지 않도록 하여라. 그러면서 지금부터 4개월에 걸쳐 비뚤어진 너의 관성을 본래의 바람직한 수준으로 되돌리면 된단다.

– 카누의 짝으로부터

끝은 또 다른 시작이다

학창시절을 마치고 직장생활을 시작하는 아들에 대해, 아버지는 축하
와 함께 걱정어린 당부를 담아 보낸다.

　오늘은 네 인생에서 실로 기념할만한 날이구나. 20년 동안의 학
교생활을 마치고 드디어 현실 직업 세계에 들어가는 날이니 말이다.
직업을 갖는다는 것이 기억할 만한 일임에도 수많은 사람들은 이 직
업이라는 말을 좋아하지 않는다. 직업을 갖게 되면 바로 아침 일찍
일어나야만 하고, 지루한 작업을 반복해야 하고, 여가 시간은 부족
해지는데다가, '직업'이라고 하면 두통과 요통 등 각종 고통이 연상
되기 때문이다. 하지만 개중에는 자기의 운을 하루 빨리 시험해보고
싶어 좀이 쑤시는 사람도 있는데, 나는 당연히 네가 후자의 부류에
속한다고 생각한다.

　이제 정식 교육에 의해 정신적 구조의 틀이 완성된 네가 이상과

다른 이 현실 세계에서 생계를 유지하고 나름대로의 지위를 얻기 위해 긴 세월 쌓아온 노력의 결과를 응용할 때이다.

자신이 하고 싶은 일이 무엇인지를 알고 있다는 점에서 너는 상당히 유리한 입장에 서 있다. 너는 사업가, 그것도 우수한 사업가가 되고 싶다는 생각을 가지고 있다. 그러나 아직도 생활을 위해 무엇을 해야 하는지 목표를 정하지 못하고 방황하는 젊은이들이 많은데, 나는 그들이 너무 가엾구나. 더구나 자신이 하고 싶은 일이 있음에도 선택한 분야에서 직업을 구하지 못하는 사람을 보면 더욱 가슴이 아프다. 그런데 너는 자신이 하고 싶은 일과 실현 가능한 직업을 얻었으니 한마디로 기분 좋은 첫걸음을 내디뎠다고 할 수 있다. 지금부터는 정시에 출근하는 일을 하루의 올바른 출발로 삼아야 한다. 거듭되는 지각처럼 사람들(나를 포함한)의 눈살을 찌푸리게 만들고, 신경을 날카롭게 만드는 일도 없으니 말이다. 지각은 마음을 강하게 먹고 침대에서 뛰쳐나와 매일같이 시간에 맞춰 출근하는 다른 사람들의 사기까지 꺾어버리고, 특히 상사의 기분을 무척 상하게 만든다다. 사실 정해진 시간에 출근하는 책임도 다하지 못하는 사람에게 어떻게 안심하고 일을 맡길 수가 있을까? 참고로 우리의 업무 개시 시간은 언제나 똑같으며, 대신업무 마감은 5시 혹은 6시 이후로 본인이 알아서 할 수 있다.

물론 근무 시간을 자율적으로 조절하도록 하는 곳도 있을 것이다. 그러니 우리 회사의 출근 시간에 불편을 느끼는 사람은 다른 적절한 회사에서 일자리를 구하면 된다. 결론부터 말하자면 너를 8시 50분에 만나려는 내 앞에 9시 반쯤 유유히 나타나는 일은 없도록 하여라. 더불어 혹시 네가 경영진의 한 사람이라면, 혹은 경영진과 행동을 함께 하는 사람이라면 그들과 똑같은 시각을 가리키는 시계에 따르기를 바란다.

아들아! 이제 너는 오랜 세월 회사의 발전을 위해서 최선을 다한 사원들과 동료가 될 것이다(물론 너라면 겸허하게 그들의 폭넓은 경험이나 경영에 관한 지식을 받아들이겠지). 그렇듯 지금 단계에서는 네가 아무리 개혁을 내세워도 무의미하다고 생각하지만, 현재의 업무 방식 가운데 개선할 여지가 있는 부분을 발견했다면 문제를 제기해도 상관없다. 단 너무 경직되지 않도록 신경을 써라. 승리는 끊임없이 배우고 익히면서 시기를 기다리는 사람에게 돌아가게 마련이니까 말이다. 물론 아이디어를 구상하거나 면밀한 계획서를 작성하여 간부에게 제출하는 사람도 있다. 그러나 회사의 정책을 재정립할 필요성을 느낀다 하더라도 하룻밤에 그것을 시험해볼 필요는 없다는 사실을 잊지 않았으면 한다(물론 화급한 경우는 제외지만). 참고로 나는 신속한 의사결정을 선호하지만, 시도해 본적 없는 아이디어는 꼼꼼히 숙고할 필요가 있다고 생각한다.

또한 너는 회사의 연수 프로그램에 따라 입사 지도를 받을 것이다. 제일 먼저 마케팅 부문에 배속될 텐데, 그 과정에서는 회사의 사업에 대해 배우고 고객을 상대로 영업을 하면서 네 기량을 시험해보도록 해라. 참고로 우리 회사의 고객 중에는 네가 이 세상에서 보낸 세월보다도 더 오랜 세월 동안 우리와 관계를 맺어온 단골도 있다. 그러니 너는 회사의 사업을 면밀히 파악하는 동시에 고객과 악수하기 전에 그들에 대해 최대한 알아두어야만 한다. 고객의 입장에서 볼 때 네게 주어진 기회는 단 한 번, 첫인상뿐이다. 그러니 반드시 사전에 철저히 준비해 좋은 인상을 심어주어라. 그러지 못하면 그 후 적어도 2년간 특별한 노력을 기울이지 않는 한 그 고객의 마음을 돌리지 못할 것이고 너는 실로 비참한 출발을 하고 만다.

어떤 사람이 "침묵은 금이다."라고 말했는데 나 역시 그렇게 생각한다. 너에게도 막 입사했을 때는 1달러만큼 말하고 10달러만큼 듣기를 권하고 싶구나. 지난날 내가 한 영업 사원을 채용하려고 했을 때다. 그가 어떤 사람인지 알아보다가 그의 영업 방식에 딱 맞는 표현이 '말의 설사'라는 이야기를 듣고 채용을 포기한 적이 있단다. 여기서 네가 얻을 수 있는 교훈은 단순하다. "입을 열어 바보임을 드러내기보다 잠자코 있어 바보라고 여겨지는 편이 낫다."는 것이다. 실제로 지식이 풍부하고 말수가 적은 사람은 좀처럼 미움을 받지 않는다. 특히 고객은 그런 사람을 좋아하는 경향이 있다.

언제든 사무실을 떠날 때에는 서류 가방 속에 회사 사업에 대한 모든 정보를 가득 채워라. 뿐만 아니라 우리가 경쟁 회사보다 앞선다는, 아득히 앞선 서비스를 고객에게 제공한다는 확신도 너의 마음에 가득 차 있어야 한다. 실제로 판매란 서비스 업무의 절반밖에 되지 않는단다. 남은 절반은 끝까지 철저하게 고객을 위해 기울이는 노력이며, 이 노력이 적절치 않으면 서비스 부족이라는 이유로 떠나가는 고객의 빈자리를 메우기 위해 끊임없이 새로운 고객을 찾아야만 할 것이다. 그 비효율성이란!(그 멍청함에 아버지는 불같이 화가 날 것이다!) 요컨대 판매도 중요하지만 손익 계산서 끝자락에 이익을 덧붙이기 위해서는 서비스가 매우 중요하단다.

고객에 대한 서비스에 전력을 다하기 위해서는 당연히 거래처와의 관계도 원만해야 한다. 거래처 중에는 너무나도 훌륭한 서비스를 제공하고 효율적으로 고객을 관리해 부러움마저 느끼게 하는 곳도 있다. 다른 업자가 더 저렴한 가격으로 유혹하고 힘으로 위협해도 그런 충실한 거래처는 끊고 싶은 마음이 생기지 않는단다. 동시에 우리의 고객 중에도 이와 같은 마음을 지닌 사람이 있다고 나는 믿고 싶구나.

일을 시작할 때에는 하나의 스펙트럼을 생각하거라. 즉 한 끝은 고객, 다른 한 끝은 거래처, 그 사이에 우리가 있다고 말이다. 모든 색이 서로 조화롭게 섞여 만들어내는 완벽한 빛의 스펙트럼은 눈을 즐겁게 하는데, 거래처, 사원, 고객이 완벽하게 조화된 사업도 그렇단다.

당분간은 발소리를 크게 내지 않도록 해라. 도둑질을 하라는 말은 아니지만 네가 학교에서 신입생을 관찰했던 것처럼 주위 사람들이 신입 사원인 너를 관찰하고 있음을 잊지 말거라. 그러한 눈이 편견으로 흐려져 있는 경우도 꽤 있다.

이런 이야기를 듣다 보면 겁이 날지도 모르겠다. 하지만 크게 걱정할 필요는 없다. "로마는 하루 아침에 만들어지지 않았다."고 하지 않느냐. 게다가 이 편지의 본래 목적은 조언을 해주는 것보다는 막연한 꿈과 일에서 벗어나 즐거움을 찾을 수 있는 꿈의 추구에 대해 말하는 것이다. 위대한 평론가 존 러스도 19세기에 이렇게 적었다.

"일에서 즐거움을 찾기 위해서는 세 가지가 필요하다. 적성에 맞아야 하고, 너무 몰두해서는 안 된다. 그리고 성취감이 있어야 한다."

네가 받은 탄탄한 교육과 사업가가 되고 싶다는 마음가짐은 우리 회사의 업무에 적합한 적성으로 볼 수 있다. 그리고 과거 25년 동안 지켜본 결과 네가 너무 지나치지 않을까 하는 부분은 그다지 걱정되지 않는다. 따라서 네가 일에서 즐거움을 찾을 수 있을지 없을지는 전적으로 네 개인적인 성취감에 달려 있다.

너는 야심, 자주성, 책임감 등을 두루 갖추고 있으니까 직장 생활이 네 생활의 즐거운 일부분이 되는 것은 어렵지 않을 것이다. 생각해 보려무나. 앞으로 30년 뒤에 나타날 비즈니스계의 거인들도 모두 오늘 첫 출근을 한다는 사실을. 지금의 너처럼 말이다. 이 사실을 절대 잊지 말아라.

말이 나온 김에 하나 더 덧붙이자면 이 미래의 거인들 가운데 회사에 취직했다고 착실하게 해오던 공부를 오늘로 끝마치려는 사람은 한 명도 없으리라 생각한다. 그들은 단지 시간대를 옮길 뿐이지, 분명 적절한 여가를 즐기면서도 밤이나 주말의 여유 시간을 쪼개 학습에도 힘쓸 것이다.

아버지라면 누구나 아들의 성공을 은근히 바란단다. 17세기의 시인 조지 허버트가 "한 명의 아버지는 백 명의 교사보다 훌륭하다."고 말한 것은 아마 이 때문이겠지.

아무튼 생활의 양식을 얻는 사회에 들어선 것을 환영하며, 첫 4분기가 끝날 무렵에는 네 성적표를 작성하겠다.

– 너의 교육을 맡고 있는 최고 책임자로부터

성실하면 얻는다

아들은 지난 6개월 동안 어떤 중요한 계약을 진행시키는 과정에서 회사의 역량을 뒷받침하는 근거를 제시하기 위해 불가피하게 회사 내부 사정을 장래의 고객에게 들려주어야만 했다. 그것은 계약 사항을 최종적으로 정리하는 단계에서 계약을 체결한다는 암묵적인 이해가 전제된 후의 일이었다. 하지만 계약은 성사되지 않았고 아들은 상대의 상도덕성 결여에 화를 내고 있다. 아들의 입장에서 보면 계약과 교섭을 위한 상대의 대화 대부분은 거짓말이었다.

RGM과의 계약을 놓쳤다는 보고를 들으니 안타깝구나. 네가 이 계약에 얼마나 기대를 걸었고, 무사히 계약을 맺으려고 얼마나 노력을 했는지 잘 알고 있기 때문이다. 그런데도 비참한 결말을 맞았으니 지금 너는 아마도 정당한 이유를 들어 상대를 원망하고 있겠지. 하지만 아들아, 너는 그것 때문에 힘을 허비하거나, 낙천주의와 열정으로 다른 계약을 추구할 의지를 잃어버려서는 안 된다.

2~3년 더 이 세계에서 경험을 쌓다 보면 전폭적으로 신뢰할 수 있는 사람은 극히 일부라는 사실을 알게 될 게다. 따라서 현명한 사람이라면 어느 정도 무장을 하고 상대와 맞선단다. 타인을 믿어야만 하는 경우에도 약간의 사전 지식, 이른바 안전장치가 필요한데, 이 안전장치의 형태는 다양하다.

잘 모르는 사람이라면 그 배경을 탐색하거라. 사람은 대개 습관적으로 행동한단다. 게임의 규칙을 지키지 않는 사람이라면 반드시 몇 번인가 다른 사람을 속이거나 마음에 상처를 입힌 일이 있을 게다. 그리고 상처를 받은 사람은 마음속 어딘가에 약간의 복수심을 품게 되어 대개 그러한 일을 기억하게 마련이다. 그러니 상담을 진척시키려는 상대에 대해서는 다소시간이 걸리더라도 자세히 조사하라고 권하고 싶구나.

두 번째로 서비스는 항상 너 개인이 제공하는 것처럼 여겨지도록 노력하여라. 고객은 회사라는 존재를 그다지 실감하지 못한다. 다시 말해 고객은 회사를 상대로 상담을 진척시키지는 않으며, 너와 개인적으로 거래를 하고 있단다. 그런 만큼 네가 항상 믿음직스런 태도를 보인다면 고객은 회사가 아니라 너를 신뢰하고 계약이 무난하게 이행되리라고 확신할 것이다. 물론 우수한 부하 직원이나 최고의 설비 그리고 경영 방법으로 상대의 주의를 끄는 것도 나쁘지는 않다.

세 번째로 현 단계에서 겪는 모든 시련은 인생의 경험으로 간주하거라. 이번에 놓친 계약도 앞으로 40년에 걸쳐 보충하면 될 것이다! 즉 그 불완전한 계약의 배후를 면밀한 시각으로 바라보면 한 가지 혹은 두 가지(혹은 아주 많이) 깨달을 수도 있고, 다시금 같은 상황에 직면했을 때는 다른 방법으로 대처할 수 있단다. 실제로 현명한 사람은 승리보다 패배에서 많은 교훈을 얻는다.

네 번째는 가장 중요한 점인데, 잘못된 일 때문에 네 품성에 흠이 가게 해서는 안 된다는 것이다. 이번 일로 네 품성을 손상시키지는 않았으며 너 자신이나 회사의 신용을 위태롭게 하지도 않았다(혹시 그랬다면 당연히 머리를 감싸 쥐고 있을 테고, 나도 너에게 몸을 낮춰 재빨리 한 방 날리라고 말했겠지. 어디에 한 방 먹여야 될지는 너도 알 거다).

너도 알고 있겠지만 너는 성실한 인격을 갖추고 있다. 다만 이번 경우에 상대가 그렇지 않다는 것은 분명하다. 그런 사람이 업계에서 장기간 살아남을 가능성에 나는 단돈 한 푼도 걸고 싶지 않단다. 물론 그런 사람도 우리를 속인 것처럼 이 사람 저 사람을 속이면서 당분간 연명할 수는 있겠지. 하지만 이 세계는 좁다면 좁은 세계이다. 따라서 성실함이 결여된 행동의 대가는 언젠가 반드시 치르게 된다. 그러니까 이전에도 말한 것처럼 다른 사람 걱정까지 할 필요는 없다.

성실한 인격의 소유자란 간단히 말해 수준 높은 도덕적 생활 태도가 몸에 배어 있는 사람이다. 즉 그 사람의 일상은 언제나 성실하고, 정직하고, 솔직하단다. 비즈니스 세계에서는 바로 그와 같은 특성이 장기적 성공을 얻는 생명력이 된다. 단기적으로는 고객과 약속한 내용을 살짝 빼먹는 방법으로 이익을 누릴 수도 있다. 하지만 긴 안목으로 볼 때 그런 수법은 큰 실패의 첫걸음일 뿐이란다. 그래서 승자들은 약삭빠른 행동을 전염병처럼 멀리한다. 거짓말을 했다는 이유로 다른 사람들의 입에 오르내리지 않도록 처신하는 것이 중요한 철칙 중 하나이다. 아유브 칸도 "신용은 가는 실과 같아서 한 번 끊어지면 다시 연결하기란 거의 불가능하다."고 말했다.

　네가 최근에 경험한 것처럼 누군가에게 사기를 당하면 분풀이로라도 다른 사람을 속이고 싶다는 생각이 들 수 있겠지.

　그것이 인지상정이며 사람들은 대개 그런 경우를 당하면 비슷한 반응을 보인다. 당한 만큼 앙갚음을 하면 상처받은 자존심이 치유될 것이라고 생각하는 것 같더구나. 그렇게 볼 때 너는 이 시점에서 분명히 손해를 보려 하고 있다. 그것도 큰 손해를! 어떻게 생각하면 지금까지 너는 아무것도 잃은 것이 없다.

　본래 네 것이 아니었던 계약을 놓쳤을 뿐이다. 그러나 혹시 네가 화를 내거나 충동적인 복수심에 사로잡혀 자신을 잃어버린다면 더욱 많은 것을 잃을 위험성이 있다.

　이번 일을 다른 관점에서 생각해보자. 이 계약이 성립되었다면 너는 어떤 문제를 떠안게 되었을까? 품성이 비천한 그 인물과 끊임없이 접촉하지 않아도 된다면 얼마나 좋을까 하고 생각하지는 않았을까? 그렇다면 계약을 놓친 것은 분명한 실패이지만 모습을 바꾼 행운일 가능성도 충분하다.

　그러니 경험을 쌓았다는 데 1점, 네 거래 상대가 되었을지도 모르는 인물의 본성을 사전에 알게 된 것에 1점, 이렇게 생각하면 그 동안의 네 노력은 충분히 보상받을 수 있다.

　어쨌든 이것은 어제의 일이다. 내일도 계속 사업을 해나가기 위해 오늘 너는 무엇을 했느냐?

－ 너의 수호 천사로부터

'기업가'란 무엇인가

아들과 아버지는 함께 비즈니스 여행을 하면서 기업가가 되기 위한 조건과 기업가에 대해서 이야기를 나누었다. 그러다 마무리 없이 대화가 중단되었기에 아버지는 돌아온 후 펜으로 대화를 이어나간다.

　지난주 뉴욕에서 다니엘 씨가 저녁 식사에 올 때까지 우리가 나눈 이야기는 매우 흥미진진 했다. 특히 기업가에 대한 너의 질문은 아주 훌륭하여 대답하기가 힘들 정도였단다.

　내가 이런 류의 사람과 처음 알게 된 것은 공인회계사로 근무하던 프라이스 워터하우스를 사직하기 몇 년 전이었다. 맨 처음 네 어머니의 소개로 존 파트라는 사람을 만났다. 당시 그는 쉰 살 정도였고 나는 스물여덟 살이었는데, 그 후로도 사교모임에서 몇 번인가 그를 다시 만났단다. 그러면서 그에게 매력을 느꼈고, 그 매력에 끌리게 되었다. 내가 보기에 그는 분명히 사업가로서 훌륭한 두뇌를 가지고 있었지.

예컨대 존 파트는 돈이 필요할 때만 일을 했다. 그런데도 그는 분발해서 머리를 쓰면 무언가 새로운 제품을 만들어냈고(대부분 보건용품이었다), 때로 새로운 광고 기법이나 방식을 고안해냈다. 그런 그와 내가 만난 것은 그가 잠시 일을 쉬고 있을 때였고, 어느 정도 여유는 있었지만 슬슬 돈이 부족해지기 시작한 그런 시기였다.

당시 나는 이 세계의 다른 일면을 꼭 보고 싶다고 생각하고 있었다. 회계 장부의 시각이 아니라 마케팅의 시각으로 말이다. 그래서 나는 그를 붙잡고 다음 사업을 시작할 때는 꼭 동업자로 삼아달라고 부탁했지. 이윽고 그가 사업을 재개하기로 결심했고 우리는 만나서 이야기를 했다. 함께 일하자는 결론을 내렸는데, 어쩐지 그는 내 갈색 눈을 마음에 들어하는 것 같았다. 그의 제안은 내 갈색 눈이나 사람의 마음을 끄는 웃음 띤 얼굴 덕분이라고밖에 생각할 수 없었다. 왜냐하면 그 무렵 나는 다른 젊은이에 비해서 세상 물정을 너무나도 몰랐고, 존이 사업을 다시 시작할 때 부하 직원으로 사업에 참가시킬 만한 사람은 내가 아니더라도 얼마든지 있었기 때문이다.

어찌 되었든 나는 이렇게 해서 진정한 비즈니스 세계인, '돈을 만드는' 세계에 들어서게 되었단다. 그리고 그로부터 6년쯤 지나 존이 세상을 떠났을 때, 기업가의 피를 충분히 수혈 받은 나는 존과 함께 일으킨 사업을 그의 유산 상속인에게서 매입하여 계속 이어나갈 수 있었지. 하지만 나는 이해가 빠른 편이 아니었기에 동년배의 사업가 사이에서 선두에 서지는 못했다. 존의 독창적인 두뇌에 의해 계발된 능력으로 기껏해야 내 작은 사업에나 대응할 수 있었다.

'기업가(=entrepreneur)'의 어원은 '기획하는 것'을 의미하는 프랑스어의 'entreprendre'로, 옥스퍼드 사전에는 '노동과 자본의 중개업자' 라고 되어 있다. 그러나 사전적 의미만으로는 비즈니스 세계의 이 대단한 혁신자를 제대로 설명할 수 없단다. 내가 생각하기에 기업가는 위대한 상상력을 가진 사람으로, 모든 것에 대해 답을 할 수 있다. 말하자면 그에게는 풀 수 없는 문제가 없고, 수행할 수 없는 사업도 없다. 더욱이 독창적인 사고방식을 가지고 있어서 같은 일을 하더라도 항상 새로운 방법을 추구한다. 또한 이 세계의 표준적인 경로를 피하려 하는 선천적인 성향의 소유자인데, 그러한 성향이 그 성공의 주된 원인이다.

그렇게 보면 기업가는 인간성의 위대한 관찰자이고 연구자이다. 존 파트 역시 무엇 하나 그냥 지나치는 법이 없었단다.

내가 존의 그런 통찰력을 느낀 것은 어느 날 몬트리올 번화가의 레스토랑에서 창밖을 내다보며 함께 아침 식사를 하고 있을 때였다. 사람들이 출근하느라 서두르고 있었는데, 걷는 사람이 있는가 하면 만원 버스에서 흔들리는 사람도 있었다. 존은 한동안 눈앞에 펼쳐진 풍경을 주시하다가 말했지.

"이 사람들은 모두 돈을 벌기 위해 직장에 서둘러 가고 있네. 그리고 월급날이 오면 그 돈을 쓰러 돌아다니겠지. 그러니 우리는 그들에게 새롭고 좀 더 나은 제품과 서비스를 제공하기 위해 있는 힘을 다해야 한다네. 왜냐하면 우리는 돈이 빠져 나갈 길을 만드는 사람들이거든."

아들아! 나는 이 말을 절대 잊을 수 없단다. 실제로 사업의 성공으로 통하는 길은 더 좋은 제품과 서비스를 제공하려고 끊임없이 노력하는 사람들에 의해서 열리기 때문이지. 그것이 텔레비전처럼 위대한 공학 기술에 의해 만들어지는 제품이 아니라도 좋다. 맥도널드의 명성을 떨친 레이 크록도 그저 햄버거 하나로 성공을 이루지 않았니?

실제로 기업가들이 교묘하게 실용화시킨 많은 아이디어는 자기 아이디어가 아닌 경우가 많단다. 이 세상에는 훌륭한 아이디어를 갖고 있는 사람이 놀라울 정도로 많은데, 그것을 상품화하는 방법을 아는 사람은 극소수이지, 그러니까 기업가는 이를 상품화하는 능력을 타고난 사람이다. 다시 말해 그들은 아이디어가 싹트는 단계에서 소비자가 사용하는 제품이 되는 단계까지 컴퓨터의 속도로 처리한다. 그래서 번잡한 마케팅 위원회나 컨설턴트의 무리, 그리고 그 뒤에 기다랗게 늘어선 공무원들은 기업가에게 오히려 불편한 존재이다.

크라이슬러를 도산의 위기에서 구한 리 아이아코카와 같은 초일류 경영자나 대기업을 경영하는 기업가도 있지만, 대다수의 기업가가 세상에 그다지 알려지지 않은 채 '자기의 일'과 씨름하고 있단다.

앞에서 많은 사람들이 훌륭한 아이디어의 씨앗을 지니고 있으면서도 그것을 채산이 맞는 꽃으로 키우지 못한다고 말했다. 이 점을 좀 더 자세히 설명하는 얘기니 마음에도 들었으면 좋겠구나(나는 이 이야기를 다른 사람들에게도 자주 한다).

어떤 노인이 뉴브룬스위크 주의 어느 도시 교외 농촌 지역에서 핫도그 가게를 운영하고 있었다. 손님이 얼마나 많던지! 사람들은 전국 제일의 핫도그라고 선전하는 광고판을 보고, 한번 맛이나 보려고 그곳에 모여들었다. 노인은 손님을 가게 출입구에서부터 맞이하면서 온화한 웃음과 밝고 붙임성 있는 목소리로 "하나라고 하지 말고 두 개 어떻습니까. 정말 맛있어요!"라고 말한다. 그 말에 정말 최고의, 지금까지 먹어본 적이 없으며 식욕이 절로 생기는 핫도그를 맛을 본 손님들도 좋아했다. 막 구운 빵과 아삭아삭한 피클, 절묘한 맛을 내는 머스터드 소스, 딱 알맞게 삶은 양파, 게다가 웃는 얼굴로 핫도그를 내주는 여종업원의 느낌도 좋았다. 손님은 입을 닦으며 "핫도그가 이렇게 맛있는 줄 몰랐다."고 말하며 가게를 나선다. 그러면 노인은 그들이 자동차를 세워둔 곳까지 따라 나가서 손을 흔들며 말한다.

"또 오세요. 저는 장사를 해야 하고, 이곳에서 일하는 젊은이들은 학비를 벌고 있으니까요."

손님들은 다시 찾아왔다. 단 이번에는 무리를 지어 찾아온다.

그런데 어느 날 노인의 아들이 하버드 대학에서 경영학 석사와 경제학 박사 학위를 취득하고 돌아왔다. 아들은 아버지의 경영 방식을 보자마자 말한다.

"이게 도대체 뭡니까? 아버지는 지금이 심각한 불경기라는 걸 모르세요? 원가를 줄여야 해요! 광고판을 없애서 선전비를 아낍시다. 그리고 현재 여섯 명인 근무 인원을 두 명만 남겨 인건비도 줄이세요. 아버지는 쓸데없이 시간낭비하지 마시고 조리를 맡으세요. 재료상에게는 값싼 빵과 소시지를 가져오게 하고요. 머스터드와 피클은 저렴한 종류로 바꾸고 양파는 아예 빼버립시다. 아시겠어요? 기업이 퍽퍽 쓰러지는 이 불황을 극복하려면 이만큼은 경비를 절감해야 한다구요."

아버지는 아들에게 감사했다. 그리고 그 정도의 학력을 갖춘 아들이 현명하다고 굳게 믿었고, 그 조언의 타당성을 조금도 의심하지 않았다. 그래서 결국 광고판을 치우고, 아버지는 조리실에 틀어박혀 값싼 재료로 핫도그를 만들었다. 또한 홀에는 단 한 명의 여종업원만이 일하게 되었다.

2개월 후 아들이 다시 돌아와 장사는 어떤가를 아버지에게 물었다. 그러자 아버지는 인적 없는 가게, 이전에는 입구에 멈춰 섰지만 지금은 그대로 지나치는 자동차, 그리고 텅 빈 계산대를 둘러보고는 말했다.

"네 말이 맞더구나. 분명히 엄청난 불경기야."

아들아, 이 이야기가 주는 교훈이 무엇인지 알겠느냐? 노인은 기업가였지만 한계가 있었다는 사실이다. 그는 손님이 원하는 것을 잘 알았지만 진정한 기업가의 기본적인 자질, 즉 자기의 신념을 지키는 용기를 갖추지 못했다. 그가 신념을 지켰다면 누구도 그의 사업을 망칠 수는 없었겠지. 이처럼 기업가에게는 성공을 확실하게 하는, 고집스러울 만큼 끈질긴 기질이 있어야만 한단다.

사업 방침을 결정할 확고한 근거가 없을 때 기업가는 대개 직감에 의존한다. 이 직감은 주로 소비자의 마음을 사로잡는데 가장 적합한 포장이나 판로나 광고 매체 등의 특정 분야에서 위력을 발휘한다. 곁들여서 기업가는 통신 판매나 방문 판매와 같은 방식으로 많은 백만장자를 길러냈다는 사실도 결코 잊어서는 안 된다(시어즈와 에이본은 각각의 좋은 예이다).

또한 기업가는 판매를 위해서 마케팅 부문의 지원을 받을 수 있는 한 기꺼이 받는다. 현재의 수많은 개점 휴업 상태의 회사와는 달리 그 지원을 특별한 형태로 활용해서 성공을 확보한단다. 예를 들어 시장 조사 프로그램을 진행한다면 직접 시장 조사 지역에 나가 자기 회사의 새로운 제품과 서비스를 접한 고객의 표정과 몸짓, 의견을 긍정적이든 부정적이든 직접 파악한다. 실제로 고객의 말을 녹음하여 철저하게 연구한 사람도 있다. 스포츠 팀 코치가 팀이 경기하는 모습을 비디오로 살펴보며 반성하는 원리와 비슷하지. 그런가 하면 기업가는 아무리 많이 알고 있다 하더라도 모든 것을 알 수는 없음을 인식하고 있다. 그래서 소비자가 요구하는 것을 자기가 제일 잘 알고 있다고 확신하는 어리석은 사람만이 시장 조사를 소홀히 한다고 믿는다. 아마도 이는 홀로 서기를 막 시작한 기업가가 고생 끝에 얻은 교훈일 게다. 이렇게 대부분의 기업가는 강한 의지의 소유자이며 동시에 유연성도 갖추고 있다. 그야말로 보기 드문 성격의 조합체이지만 성공을 위해서는 어느 하나도 빼놓을 수 없는 자질이란다.

또 하나 내가 관찰한 바로 기업가는 자기가 저지른 일이 얼마나 위험한지 예측하는 특수한 능력을 소유하고 있다. 그들은 천성적으로 모험을 좋아하는데 그것은 본능적으로 "큰 거래에는 큰 위험이 따른다."는 사실을 알고 있기 때문이지(기원전 450년에 헤로도토스가 그렇게 말했다). 그러니까 아무리 주의 깊게 수립된 계획도 어이없이 실패하는 경우가 있음을 알고 있지만, 기업가는 이 위험을 피하지 않는다. 오히려 기업가는 흥분, 긴장, 도박, 싸움을 양식으로 살고, 이 모두를 극복했을 때 5분간 승리를 만끽하고는 바로 다음의 '유망한 사업'을 향하여 돌진한단다.

기업가가 새로운 계획의 위험성을 분석할 때 보여주는 두뇌의 예리함은 초인적이다. 예컨대 제일 고장 나기 쉬운 곳을 금세 간파하고, 지반이 약할 듯한 부분에 주의를 집중하며, 적합한 사람의 도움이나 회사의 지원을 얻을 수 있다면 그 도움을 빌려 위험의 폭을 좁히지. 실행하려던 계획이 무산되었을 때를 대비해 대안을 준비해놓는 것은 말할 나위도 없다. 즉 기업가는 항상 다른 계획을, 탈출구를, 실패하면 포기하고 다음의 새로운 계획을 시도할 수 있는 만큼의 금전적 안전을 확보하며, 회사의 도산으로 법정에 서는 일만은 피한다. 가난한 생활을 오래했기에 빵과 콩뿐인 식사는 질릴 대로 질렸고, 그런 생활로 다시 돌아갈 생각은 추호도 없는 것이다.

그렇다면 기업가는 계획을 어떤 식으로 실천할까? 방법은 다양하지만 대개 어떤 계획에 어느 정도 투자할 수 있는지를 엄정하게 판단하는 것부터 시작한단다. 그래서 자기가 감당할 수 없을 정도의 비용이 들거나 성공률이 낮으면 세 가지 행동 중 하나를 선택하지. 첫째 다른 사람에게 투자를 권유하여 자금이나 전문 기술을 조달한다. 둘째 그 사업을 해보려는 사람에게 아이디어를 솔직히 판다. 셋째 최후의 수단으로 단념한다. 참고로 이러한 기업가들은 다음과 같은 훌륭한 인식을 가지고 있단다. 즉 아리스토텔레스가 기원전 350년에 말했듯이 "실패에는 여러 길이 있지만 성공에는 하나의 길밖에 없다."는 것이지.

한편 일부 기업가에게서 볼 수 있는 전형적인 특징 중 하나는 가끔 빗나간 예상을 하기도 한다는 것이란다. 다시 말해 모든 기업가가 성공하는 것은 아니다. 계획 수립 단계에서 일을 너무 서두른 나머지 서비스나 제품의 품질을 충분히 뒷받침하지 못하거나, 상표니 특허에 대해 법적인 보호를 게을리하고, 때로는 자기들의 새로운 금광에 관한 정부의 법령을 간과해 버리는 사람도 있다. 그 결과 이런 사람들은 종종 충분한 자금의 지원을 얻을 수 없게 된단다. 기업가의 자금이 바닥을 드러내면 은행은 그를 외면한다. 물론 투자가 친구들도 좀 더 안정된 사람들과 거래하기를 원하여 그를 피하려고 하지. 성공하는 기업가(entrepreneur)와 성공하는 사업가(businessman)의 차이점은 미묘하다. 언뜻 보면 양쪽은 같아 보이지만 기업가의 성격에는 강인함, 모험심, 대담함이 두드러지고 종래의 경영 방법에 그다지 연연해하지 않는다는 점이 다르다. 그러나 양자 모두 고객을 찾아야 하고 시장의 동향을 파악해야만 한다는 점에서는 같단다. 즉 항상 시장과의 접촉을 유지하고 그것을 정확하게 알아야 승리할 수 있는 것이지.

기업가는 너무나 모험적이어서 때론 그것으로 자존심을 만족시키기도 하지만, 그처럼 시류를 거스르는 데는 늘 위험이 따른다. 그렇지만 참된 기업가는 어떤 곤란에 부딪쳐도 그것을 상황의 탓으로 돌리며 어리석은 푸념을 늘어놓지 않는단다. 기업가야말로 실패에 대한 건망증과 포기할 줄 모르고 생성되는 새로운 모험에 대한 욕구를 하늘로부터 물려받았으니까. 그래서 성공을 하더라도 만족을 느끼는 것은 단 5분, 실패해도 기껏해야 1초밖에 한탄할 여유가 없지.

덧붙여 말하자면 기업가는 공적인 면이나 사생활 면에서도 자기만의 길을 걷고, 자기만의 일을 하려 한단다. 내가 존경하는 위대한 기업가 클로드 홉킨스도 자기의 고독 습성을 그의 저서『광고업계에 살다』에서 다음과 같이 말하고 있다.

"나는 돈이나 사업보다도 중대한 긴급 사태를 몇 번 경험했다. 그리고 항상 혼자서 그런 사태에 맞서야만 했다. 나 스스로 결단해야만 했고 거기에는 항상 매서운 반대가 뒤따랐다. 다시 말해 지금까지 내가 결정적인 시도를 할 때마다 친구들은 비웃었고 반대했다. 그렇듯이 행복이건 돈이건 만족감이건 최대의 승리라 할 수 있는 것은 대부분 세상의 냉소를 받으며 손에 들어온다. 그래서 나는 이렇게 생각하며 스스로를 납득시키고 있다. 보통 사람은 성공자가 아니다. 자기의 목표를 달성한 사람, 정말로 행복한 사람, 충만한 사람은 쉽사리 만날 수 없기 때문이다. 그런데 어떻게 자기 인생에 관계된 문제를 대다수의 생각에 맡길 수 있을까?"

그 생애의 위대한 행동이 모두 비웃음과 반대를 당했다고 하는 클로드 홉킨스의 말에 나는 몇 번이나 한숨을 내쉬며 깊이 공감했다. 내가 10년 동안 공부하여 얻은 공인회계사 자격을, 그 전도 유망한 직업을 버리고 당시 존 파트가 경영하던 연간 매출액 14만 달러에 불과한 작은 회사로 옮겨갔을 때, 많은 사람들이 눈살을 찌푸린 일을 지금도 분명히 기억한단다.

하긴 대기업의 회계 감사를 위임받은 뒤였으니만큼 미친 짓으로 보였겠지. 그러나 사람들이 무시한 그 회사의 올해 매출이 2천 5백만 달러라는 사실을 안다면 그들도 내 행동이 잘못되지 않았음을 인정할 게다.

네가 흥미를 느낄 만한 시를 한 편 소개하마. 기업가다운 재기가 넘쳐나는 이 시를 몇 년 전부터 귀중히 간직하고 있는데, 중학교 1학년생이 쓴 시이다.

모두가 얼굴을 내밀고 묻는다 왜냐고 솔직히 잘 모르겠어
하지만 누구든지 손을 내밀 수는 있잖아
하늘을 잡을 거야
나에게는 내 방법이 있어
그리고 언젠가 거기까지 갈 수 있을지도 몰라

지금 그러려고 노력하고 있어

매일 이런저런 생각을 하면서 말야

많은 문제가 기다릴 거야

해결할 수 있는 것도 없는 것도

하지만 나는 결코 화내지 않아

조금 슬퍼지기는 하겠지만 절대 절대 화를 내진 않아

너무 바쁜 건 싫어

그렇게 되면 만사를 제치고 머리를 식힐 거야

그래서 즐거운 마음으로 돌아오면 다시 시작할 거야

네 방식은 다르겠지

하지만 내 방식은 이렇다

어떠냐. 너는 이 시를 즐겁게 읽어주겠지. 네가 쓴 시니까 말이다:
이렇게 너는 그 무렵부터 독립 정신, 낙천적인 성격, 유연성, 쓰러져
도 벌떡 일어나 싸우려는 용기를 보여주었다.

베르길리우스는 기원전 25년 무렵에 이렇게 말했다. "운명은 용
기 있는 자의 편이다." 돈도 용기 있게 사용해주었으면 하지만 그 용
기가 지나치지 않도록 하여라. 영웅적인 투자가는 환영하지만 도산
은 질색이다.

        – '자기 방식으로 실천한' 워드로부터

늘 새로운 경험을 하게 된다

아들이 회사에서 새로운 지위에 올랐다. 마케팅 분야에 속하는 이 지위에 오르려면 무엇보다 경험이 풍부해야 하지만 아들에게는 그것이 부족하다. 아버지는 아들이 자신감을 잃지 않도록 격려하면서도 이 결여된 요소의 중요성에 주의를 환기시킨다.

너는 앞으로 우리 회사의 마케팅 부장이라는 새로운 지위에서 여러 가지 능력을 내보여야 한다. 우선 너는 세상에 대항할 수 있는 우수한 두뇌를 갖고 있다. 고등학교와 대학의 성적, 게다가 회사의 다른 직무를 수행하면서 보여준 실적이 그것을 훌륭히 증명하고 있단다. 두 번째로 너는 일에 대해 강한 열정을 가지고 있으며, 세 번째로 자기 노력의 결과를 객관적으로 평가할 수 있는 양식을 갖추고 있다.

하지만 그러한 너에게도 지금 이 시점에서 갖추지 못한 기본적인 요소가 한 가지 있다. 그것은 바로 경험이란다. 학생시절을 한번 돌아보자. 매일 매일 새로운 마음으로 일상생활과 씨름하는 동안 경험을 축적하고, 그러면서 네 행동에 자신감을 가지고, 결과를 현실적으로 추측까지 할 수 있게 된 과정이 생각나겠지. 이제 이 새로운 지위에서도 너는 그때와 똑같이 성장할 것이다. 그러나 막 취임한 지금은 네가 이 중요한 부문에서 경험이 적은 초심자에 지나지 않는다는 사실을 자각할 필요가 있다.

이 사태에 어떻게 대처하면 좋을까? 이 커다란 부족분을 조금씩 보충하기 위해서는 어떻게 하면 좋을까? 자기 경험 부족을 자각하는 사람은 우선 그 부족한 요소 때문에 목적 달성을 위한 시도를 포기하거나 좌절하지는 않으리라는 결심을 해야 한다. 그 다음 중요한 것은 문제를 분석하거나 해결할 때, 설명회 자료를 작성하거나 주어진 과제를 면밀히 검토할 때, 시간을 아끼지 않는 것이다.

우선 수중에는 어떤 자료가 얼마나 있을까? 어떤 자료가 얼마나 부족할까? 좀 더 수집해야만 할까? 구할 수 있는 모든 자료가 갖추어졌을 때에야 너는 비로소 실행 가능한 행동 방침을 하나씩 차분하게 생각해보아야 한다. 그 과정에서 많은 사람이 빠지는, 미처 생각하지 못하고 빠지는 함정을 조심하거라. 이 작업 단계에서는 자신의 결정이나 행동의 기초가 되는 기본 자료 입수를 위해 충분히 노력하지 않는 사람이 많기 때문이란다. 예를 들면 너는 몇 번인가 나와 숲에서 캠핑을 했다. 텐트를 치기 위해서는 딱딱하고 평평한 땅을 고르지 않으면 아무리 노력해도 제대로 텐트를 칠 수 없다는 사실을 잘 알고 있을 게다.

다음으로는 얻을 수 있는 정보를 모두 갖추기도 전에 자료를 분석하려고 달려들지 말아야 한다. 이때야말로 자신을 억제하여 기어를 2단으로 바꾸는 등 속도를 높이기 전에 먼저 충분히 힘을 모아야만 한단다. 가족과 떠나는 캠프나 카누 여행을 생각해 보거라. 모두 빨리 떠나고 싶어 안달을 하고, 리더인 자기 자신 또한 귀찮더라도, 여행용품 목록에 따라 모두가 싫어하는 소지품 검사를 하고 나면 반드시 빠뜨린 물건을 발견하게 된다. 정보를 입수하는 데에서도 이 같은 일이 발생한다면 그것은 경험이 부족해서가 아니라 경험을 바르게 살리려고 하지 않았기 때문이겠지.

제1단계의 정보 수집이 끝나면 다시 한 번 주위를 돌아보면서 부족한 정보가 있지는 않은지 신뢰할 수 있는 사람에게 물어보는 것이 좋다. 경쟁 관계가 아닌 다른 회사의 동급 지위에 있는 친구나 사장에게 물어보는 방법이 제일 좋겠지만 그 외에도 상담을 해주는 사람은 있다.

드디어 제2단계이다. 이는 입수한 정보에 기초하여 행동하는 단계로 조금 재미있어진다. 경험이 중요한 것도 이 단계인데, 자료를 얼마나 정확하게 분석했느냐에 따라 성공 여부가 결정되기 때문이란다. 세월이 쌓여 너도 비즈니스계에서 다른 사람만큼 실패를 경험하다 보면, 80퍼센트의 사람들은 자료가 부족해서라기보다는 자료를 잘못 해석해서 의사 결정을 하는데 실수를 범한다는 사실을 알게 되겠지. 그렇듯 경험은 너와 관계있는 모든 자료를 수집하고 그것을 정확하게 분석하는 방법을 가르치는데, 실제로 자료 수집에는 자제심이 필요하고 자료 분석에는 긴 세월의 경험이 필요하다.

어떻게 하면 자료를 해석하는 데 숙달될 수 있을까? 무엇이든 익숙해지기 위해서는 경험하는 수밖에 없다. 더 쉽게 말하자면 직감으로 시원스럽게 처리하기보다는 정성을 다해 사려 깊게 분석하는 쪽이 일처리를 빠르고도 고도로 숙달되게 해준다는 것이지.

자료의 수집과 해석이 끝나면 다음은 실행이다. 이 단계에서는 너에게 문제될 점이 아무것도 없다. 이 부문에서는 이미 충분히 경험을 쌓았으니 말이다. 너는 학생 시절은 물론이고 지금까지의 모든 업무를 처리하면서 항상 강한 추진력을 보여 주었고, 그 경험은 네 결정을 올바르게 실행하는 데 큰 도움이 될 것이다. 따라서 실행 단계는 너에게 그리 어렵지 않겠지.

하지만 잊지 말아라. 나는 40년간 이 업계에서 살아왔지만 순간순간 더욱 귀중한 경험을 얻곤 한다. 이 사업의 어딘가에 아직 경험의 공백이 있다는 말이다. 그래서 경험에 의해 알게 되는 부분이 남아 있다는 사실을 나는 솔직하게 인정한다.

그리고 새로운 과제와 씨름할 때마다 자신에게 이렇게 말한다. 이런 것을 인정하면 자존심은 상하지만 회사의 손익 계산서에는 상당히 바람직하지 않을까? 나와 함께 말해보자. "숙련된 작은 새만이 노래할 수 있다면 숲은 너무 고요해지겠지."라고.

너는 훌륭한 경영자의 자질을 모두 갖추고 있다. 경험만 보충되면 빼어난 경영자가 될 것이다. 하지만 경험은 학교에서 배우거나 타인에게서 빼앗을 수 없으며 스스로 쌓아야만 한다. 다소 경험이 쌓이더라도 마음을 놓지 말고 계속 배워 나가도록 하여라. 성공으로부터는 그것을 반복하고, 실패로부터는 그 같은 것들은 두 번 다시 반복하지 않도록 말이다.

- 같은 길에 뜻을 둔 친구로부터

부하 직원을 제대로 관리하려면

유능한 사원이 아들과 마찰을 빚고 사직했다. 심히 우려되는 이 사태에 직면한 아버지는 유능한 사원을 잃지 않으려는 노력의 중요성에 대해 이야기한다.

밀러 씨가 사직하고 다른 회사로 옮겨갔다는 소식은 충격이었다. 그는 내가 회사의 제조 부문을 직접 관리하고 있을 무렵부터 일해 왔으며, 다소 특이한 면이 있기는 해도 유능한 사원이라 생각하던 사람이었다. 그러니까 분명 너의 기분에 거슬리는 그의 이상한 버릇이 두 사람 사이를 벌려놓은 원인이 되었겠지.

참으로 놀라운 사실은 이 넓은 세상에 많고 많은 사람이 있지만 어떤 경우에도 두 사람이 완전히 똑같은 생각을 하지는 않는다는 것이다. 겉모습이 모두 다른 것처럼 사고방식도 모두 다른데, 이야말로 창조자의 기발한 능력이라 할 수 있단다.

게다가 더 놀라운 것은 이런 차이점에도 그럭저럭 결혼을 하고 깊은 애정으로 아이를 키우며, 친구와 사귀는가 하면 소중한 사원을 고용한다는 사실일 게다.

물론 1900년부터 1930년대 사이에 큰 성공을 거둔 산업 자본가들 중에는 미치광이 같은 사람도 많았던 모양이다. 내가 보기에 그 폭군의 수는 현재도 그다지 줄지 않았지만 그들 대다수가 태도를 바꾼 게 아닌가 싶구나. 아마도 노동 시장이 유동적으로 변하고 전직이 쉬워졌기 때문이겠지(작은 마을에 사는 사람들은 별개로 하더라도). 이런 이유로 계층의 폭이 좁아지다 보니, 이제는 약한 노동자를 괴롭히는 고용주도 별로 없으며 직장에 종속된 무기력한 노동자도 별로 없다.

이런 상황에서도 사려 깊은 고용주는 자기 회사 사원이 일하는 동기를 신중하게 분석하고 그 동기의 우선순위를 중시할 것이다. 최근 일하는 이유를 묻는 어느 설문 조사에 의하면 돈은 7위였고, 1위는 일에서 느끼는 만족감이었다. 이렇듯 분명히 무엇인가를 달성했을 때 느끼는 쾌감이 노동의 가장 큰 보수이고, 사람은 자기에게 부여된 임무를 만족스럽게 달성했는지 확인하고 싶어 한단다. 그런 면에서 보면 오늘날 경영진의 제일 큰 단점은 사원을 칭찬하지 않는 것이지.

칭찬할 만한 일을 칭찬하면, 한 푼의 비용도 들이지 않으면서 엄청난 효과를 얻을 수 있단다. 사실 칭찬으로 노력을 인정 받으면 더 좋은 성적을 거두려고 온 힘을 다하는 것이 사람의 마음이다. 당연히 해야 할 칭찬이라는 투자에 비해 이 얼마나 큰 수익인가!

다시 네가 당면한 문제로 돌아가자. 존 밀러가 정직하고 근면한 사원이었다는 사실에는 의문의 여지가 없다. 그래서 그의 아주 작은 부분, 즉 색다른 행동이나 의견이 나에게는 전혀 문제가 되지 않았지. 그렇지만 나는 그의 이상한 버릇에 대해서 면밀하게 조사했다. 그것이 사업의 손실로 이어지지는 않을까 염려했기 때문이란다.

그런데 그렇게 사원들의 주위를 관찰하면서 매우 흥미로운 사실을 알게 되었다. 우리 모두에게는 얼마나 많은 가지각색의 기묘한 버릇이 있는가! 그럼에도 우리는 매일 얼굴을 맞대고 어깨를 나란히 하여 사이좋게 일하는 훌륭한 작업 단위를 구성하고 있다. 그런 우리가 타인에 대해 '색다른 성격'이라고 말한다면, 그것은 단지 자신과 다른 견해나 사고방식을 가지고 있는 경우일 뿐이었다. 인생관이나 생활관이 자기와 다를 뿐이며, 좀 더 간단히 말해 '사람이 다르면 방법도 다르다'는 것이다. 동료들이 너의(또는 나의) 행동 양식이나 이상한 버릇에 대해 어떻게 생각을 하는지 읽을 수 있다면 재미있겠지. 요컨대 우리는 너나 할 것 없이 모두 그런 면을 갖고 있단다.

그러니 우리는 당연히 사람들 내면의 버릇을 건드리거나 문제시하지 않도록 노력하며 작업 집단을 형성해야 한단다.

그렇지 않으면 작업 집단 자체가 성립되지 않으니 말이다. 사실 한 명의 완벽한 사원이란 너를 보더라도 있을 수 없다. 네가 혼자서 산다면 별 문제가 없겠지만 다른 사람들과 함께 사는 이상 절대 그 사실을 잊지 말아라. 중요한 것은 우리의 사업 성과란다. 누가 하루에 한 번 코를 풀건, 두 번 풀건, 천 번 풀건 그것은 작업 집단에서 전혀 문제가 되지 않는다. 때문에 타인이 용납하지 못할 정도로 불유쾌하거나 이상한 버릇이 아니라면 회사를 그만두게 할 이유가 되지 못한다.

밀러 씨가 왜 사직했는지 그 원인을 생각해 보면 여러 가지를 배울 수 있을 게다. 네 이야기를 들어보니 그의 색다른 성격이 너를 화나게 만든 것 같다만 우리의 전문 분야는 제약업이지 성격 분석이 아님을 염두에 두었으면 한다. 특히 밀러 씨가 우리 회사에서 일한 10년 동안 다른 사원 중 누구 한 사람도 그에 대한 불쾌감을 내게 털어놓지 않았다는 사실은 네가 무엇을 반성해야 하는지 알려주겠지.

시간이 지나 서로 잘 이해하게 되는 경우도 있다. 네가 밀러 씨와 함께 일한 것은 불과 4개월에 지나지 않는다. 그러므로 4개월만 더 있었으면 그 인물을 좀 더 호의적으로 보거나 사태를 다른 관점에서 바라볼 수도 있었으리라 생각한다.

이 일을 계기로 나는 너의 좋고 싫음을 가리는 기준이 잘못되었거나, 핵심에서 벗어나지는 않았는지, 그 때문에 귀중한 숙련 사원을 잃은 것은 아닌지 묻고 싶구나.

한 사람이 능숙하게 일을 처리하게 되기까지 훈련시키는 데는 비용이 든다. 그 비용은 어떤 직무냐에 따라 상당한 액수가 되기도 하지. 따라서 경영의 효율을 최고로 만들려면(현실적으로는 실현 불가능하지만), 사원의 이직률을 낮추어야 한다. 막 훈련을 마친 사원이 끊임없이 사직한다면 회사의 이익은 모두 사원을 훈련시키는 데 먹혀들어가고 말게다. 그러므로 부하 직원의 사기를 유지하는 일은 회사 내에 긍정적인 분위기를 만들기 위해서뿐만 아니라 회사의 발전을 위해서 반드시 필요한 조건이다.

끝으로 네가 항상 부하 직원의 성적을 평가해야 함을 잊지 말아라. 특히 막 입사한 직원에 대해서는 우리의 기준을 만족시키고 있는지 면밀하게 판정해야 한다. 거기에 더하여 오랜 세월 회사에서 일하던 부하 직원의 성적이 저조해지거나 혹은 기준에 미치지 못한다면 그것은 너에게 보내는 위험 신호로 보아야 할 것이다. 그럴 때는 즉시 멈춰 서서 반성하여라. 그 사람의 성적이 왜 떨어졌을까? 관리자인 너에게 과실이 없다면 그 성적 저하의 이면에 절박한 개인적인 이유가 있는 것은 아닐까? 하고 말이다. 어쨌든 너는 그 직원과 만나서 이전의 그답지 않다고 이야기해주는 것이 좋다. 그 후 이쪽에서 바로 잡아줄 수 있는 문제일까? 스스로 해결해야만 하는 문제라도 우리가 지원할 수는 없을까? 하고 고민해야 한다. 부하 직원의 효율성을 되찾는 데 불과 한 시간이면 족하다는 사실에 놀라지 않을 수 없단다. 생각해보자. 너의 한 시간과 부하의 한 시간을 비용으로 환산하면 50달러 정도이지. 반면 밀러 씨의 후임으로 적합한 인재를 훈련하는 비용은 5천 달러 이상이다.

간단하게 말해서 부하는 귀중품이란다. 그러니 벽돌이나 모르타르 같은 재료처럼 취급해서는 안 되며, 오히려 기계 설비와 같이 대우해야 한다. 우리가 사원에게 쏟아 부은 상당한 자금을 헛되이 하지 않도록, 그리고 그들이 한 사람의 인간으로서 최우선의 목적인 업무 달성을 통한 만족감을 얻을 수 있도록 네가 최선을 다했으면 한다. 그렇게 할 때 너는 상상도 할 수 없는 큰 성취감과 임무를 수행할 때 느끼는 만족감을 동시에 느낄 것이다. 물론 나는 그 결과가 가져오는 이익을 보며 빙그레 웃겠지.

– 동료로부터

공동 사업의 유혹

아들은 일확천금을 꿈꾸며 친구 세 명이 벌이는 사업에 투자하고 싶어 몸이 달아 있다. 그러나 아버지는 투자에 앞서 신중하게 고려해야 할 몇 가지 사항을 점검하며, 그 투기성 짙은 사업을 다른 관점에서 보라고 권한다.

네 친구 헤럴드가 엄청난 돈벌이를 제시한 것 같지만, 내가 보기에 그것은 우리의 사업과 전혀 인연이 없는 업계로구나. 또 내가 어떤 소식통을 통해서 얻은 정보에 의하면, 그 친구가 네게 공동 경영을 제안한 이유는 때 마침 너와 내 사업이 잘 나가고 있기 때문이라고 한다. 그렇다면 네 친구들은 자기들의 새로운 사업을 지탱하기 위해서 우리의 이익이 그쪽으로 흘러 들어오기를 기대하고 있다고 추측할 수밖에 없다. 즉 헤럴드와 그 친구들은 우리 사업을 빈틈없이 살펴보았고 어느 면에서 보아도 대성공을 거두리라는 확신을 얻

67

었겠지. 게다가 자신들의 계획에는 어떤 장애나 부정적인 요소나 결점도 없다고 여기면서 말이다.

기묘하게도 우리는 돈벌이 이야기가 나올 때, 긍정적인 면은 30분 동안이나 침을 튀기며 이야기하지만, 부정적인 면은 너무 쉽게 빠뜨린다. 그래서 종종 오랜 세월 후회하게 되지.

그래서 나는 네가 이 사업으로 손에 넣게 될 것이라고 생각하는 몇 백만의 이익을 세기 전에 두세 가지 이야기를 해주고 싶구나. 그 덕분에 너는 셀 수 없이 많은 손해를 세지 않고 끝낼 수도 있다.

먼저 헤럴드와 그의 동료 엔지니어들이 왜 그 모험적인 사업에 너를 끌어들였는지 나는 알고 싶다. 그들의 기획은 대형건설 설비의 서비스를 목적으로 한 고도로 전문화된 기술 계획이므로, 너의 전문지식이 그들에게 도움이 된다고는 생각하지 않는다. 우리의 제약업과는 너무나도 동떨어져 있으니 말이다.

물론 이렇게 말하면서 너를 억지로 막을 생각은 털끝만큼도 없지만, 불행하게도 처음 내 머리에 떠오른 것이 우리 가족의 재산이었다는 사실은 인정해야겠다. 대부분의 사람들은 새로운 사업이 떠오르면 실로 교묘하게 제조나 마케팅과 관련된 문제를 해결하지만, 그 계획을 실행하기 위한 자금 조달 단계가 되면 그토록 잘 회전하던 머리가 정지해버리기 때문이다. 결국 문제는 돈이다.

이쯤에서 그 아이디어가 말처럼 확실하고 성공하리라고 예상되어 네 영혼을 저당 잡혀 몇 백만의 자금을 만들었다고 생각해보자. 과연 누가 그 사업을 경영할까? 분명히 너는 아니다. 너에게는 그 특수한 사업의 경영을 맡을 만한 기술적인 자격이 없다. 게다가 너의 열의와 시간의 상당 부분이 다른 사업으로 향한다면 우리 사업의 효율도 떨어지고 이익을 증대시키기도 상당히 어려워지겠지. 사실 우리 업계에서도 경험이 충분하다고 말할 수 없는 현시점에서 너의 능력이 반으로 나뉜다면 분명 우리의 사업 효율과 이익은 저하될 위험성이 크다.

그렇다고 너희가 막 설립한 회사는 유능한 전문 경영인을 고용할 수 있는 상태도 아니다. 그러므로 당연히 헤럴드가 경영을 담당하겠지. 그러면 너의 입장은 어떻게 될까? 헤럴드는 너의 돈을 사용하고 너는 멀리 떨어져 있다. 물론 헤럴드가 어떤 실수도 하지 않는다면 훌륭한 결정일 수도 있다. 실제로 그가 서른둘의 젊은 나이이지만 비즈니스 세계의 훈련이나 경험의 조언을 일체 빌리지 않고도 본능적으로 완벽한 경영을 할 수 있는 극히 드문 인물 중의 한 사람일 가능성도 있다. 그러나 나는 그렇게 생각하지 않는다. 그렇지 않을 가능성이 너무 크기 때문이란다.

만약 네가 이러한 사업에 열을 투자하면 그 중 하나는 맞출지 모른다. 그러나 맞추지 못한 아홉으로 전 재산을 잃기 전에 그 하나를 발견할 수 있을까?

네 친구들이 제안한 사업은 우리의 업계도 아니고(우리는 다소의 지식이 있어도 실수를 범한다), 헤럴드와 그 공대 출신의 동료들에게는 사업의 경험이 없다. 그러한 사실 이외에도 공동 경영에는 사람이 대개 경험을 통해 처음 알게 되는 인간적인 측면이 있는데, 그 대부분은 유감스럽게도 상당히 서글프다.

이를테면 너는 동격인 공동 경영자 네 명 가운데 한 사람이 되겠지. 이른바 출자자 말이다. 그러면 헤럴드는 사장이 되고. 찰리는 마케팅, 프레드는 제조를 담당한다. 물론 처음에는 네 명 모두 헌신적인 노력을 기울이며 전력투구를 할 것이다.

그러나 안타깝게도 시간이 지남에 따라 그 네 명 중 한두 명은 의욕을 잃는 것이 보통이다. 이는 사업이 성공했다 하더라도 마찬가지로 다분히 피할 수 없는 결과란다. 즉 일이 힘들어지고 주 7~80시간이나 일하게 되면 그 중압감이 누군가를 짓누르게 되고, 그 사이로 종말의 그림자가 찾아들지.

"찰리가 매일 세 시간이나 들여 2천 달러의 점심 식사를 즐기고 있을 때 이곳에서 기를 쓰고 일하고 있다니!"

"왜 오늘 밤도 일해야만 하는가? 다른 놈들은 놀고 있지 않은가! 내가 번 1달러 중 75센트는 놈들 주머니에 들어가지 않는가!"

너에 대한 전형적인 불만도 있겠지.

"왜 저 녀석은 우리가 1달러 벌 때마다 25센트를 가져가는 걸까? 아무 일도 하지 않으면서!"

사람의 기억은 쉽게 흐려진다. 따라서 회사를 발족시킨 너의 금전적 공헌이 깊은 감사의 마음과 함께 되살아나는 일은 드물다. 그리고 공동 경영자들이 마음속으로 "너는 오늘 우리를 위해서 무엇을 해줄 수 있는가?" 하고 묻고 있다는 사실을 얼마 지나지 않아 알게 되겠지.

이렇게 말했는데도 네가 이 공동 사업에 참여할 생각이라면 장래의 고통을 줄이는 데 크게 도움이 될 몇 가지의 방법을 생각해보자. 너는 상당히 유리하게도 이 사람들을 잘 알고 있다. 그들의 성실함, 명석한 두뇌, 근면함의 정도를 말이다. 이것은 매우 큰 이점으로, 내 생각이지만 너는 이 사람들과 다음에 제시하는 모든 부정적인 요소에 대해서 이야기를 나누어야만 한다. 비용, 강요된 희생, 게다가 긴 시간 따분한 일에 견디어야 하는 현실, 또한 각오해야 하는 곤란한 상황....

왜냐하면 이 새로운 사업이 엄청나게 색다르지 않은 한 필사적인 노력을 하지 않으면 성공을 기대할 수 없기 때문이란다. 그와 함께 네 의견은 서면으로 전달하는 것이 좋다. 그랬을 때 계획이 도중에 무산되더라도 상대는 적어도 너의 경고가 존경할만한 가치가 있다는 점을 인정할 게다.

다음으로 공동 사업의 주식 분배에 대해서도 신중히 생각해야 한단다. 내가 보기에 헤럴드는 너와 나란히 중심에 서는 인물이다. 그리고 찰리와 프레드는 필요한 존재이기는 하지만 리더는 아니다. 그러나 누구나 사업의 소유권을 갖고 싶어하겠지(그렇지 않다면 어떻게 몇 백만이나 되는 이익을 기대할 수 있을까?). 물론 이런 상황에서도 분명히 전원을 만족시킬 수 있는 신중한 방법이 몇 가지 있다. 헤럴드는 아마도 너와 둘이서 대부분의 주식, 예를 들면 80퍼센트를 소유하고 절반으로 나눈다는 생각을 지지하겠지. 물론 그래야만 한다. 다만 찰리와 프레드에게는 그들의 주식이 각자 10퍼센트가 될 것이라고 말해주어야 한다. 이 단계에서는 우정이 개입할 여지가 없는데, 극히 드문 상황을 제외하고는 사업에서 우정은 파괴적인 투자가 될 수도 있기 때문이란다. 그리고 세 명에게는 세전 연간 이익의 30퍼센트, 즉 한 명당 10퍼센트를 배분한다는 조건을 제시함으로서 구색을 맞추어라. 이것으로 공동 경영자들은 두 가지 자극. 즉 주식(사업이 성공하고 채무의 변제가 끝날 때까지 보통 오랜 기간 돈이 되지 않으므로 즉시 잊혀져가는 꿈)과 매년 지급되는 이익 배분(노력의 보수로서 기대하는, 실제로 손에 넣을 수 있는 현금)을 받게 될 게다.

또한 장래 발생할 수도 있는 분쟁을 피하기 위해 세 명의 공동 경영자 그리고 네 회계 감사인과 변호사를 한 자리에 모아서 주식을 매년 평가하기 위한 기초를 만드는 것이 좋다. 누군가가 다른 공동 경영인에 대해 공평하다고 생각되는 것보다 훨씬 큰 가치를 자신의 지분으로 주장하는 경우, 그 사람과 공동 경영을 취소하는 절차는 이혼처럼 성가신 일이 될 수도 있단다. 따라서 누군가 자신의 주식을 팔고 싶어지는 경우에 대비하여 주식의 평가는 매년 시행한다는 규칙을 만들도록 하여라. 그렇게 하면 회사를 그만두려고 생각했을 때에도 자신의 자산 상황을 정확하게 파악할 수 있겠지.

더 이상 해줄 이야기는 없지만, 사업을 지탱하는 것은 어디까지나 너의 자금이므로 회계 감사원과 변호사는 네가 선택해야 한다는 것을 납득시켜라. 그렇게 하면 너는 자신의 자금과 공동 경영자들의 자금 취급 방법을 어느 정도 관리할 수 있을 것이다.

우리의 공동 경영 사업은 근면함과 우애를 기반으로 번영해왔단다. 너 역시 이 새롭고 모험적인 사업에 맞서게 된다면 아무쪼록 근면함과 우애로 가득 찬 공동 사업이 되기를 바란다. 아버지가 마지막으로 한마디 덧붙인다면 "호랑이를 잡으려면 호랑이 굴로 들어가라."고 말해주고 싶구나.

– 공동 경영자로부터

결혼을 가볍게 생각하지 말아라

아들은 결혼을 생각하고 있다. 친구들 대부분이 결혼했다는 점이 결혼 이유의 전부라고 말하지는 않지만 분명히 그 일부를 차지하고 있는 것 같다. 아버지는 아들의 생각이 '모방주의'가 아닌가 생각하며 신중하게 두세 가지 조언을 한다.

네가 결혼을 생각하고 있다고 친구에게 말하는 것을 언뜻 들었다. 순간 나는 그 행운의 여성이 누구일까 생각하면서 웃음을 참을 수가 없었는데, 알다시피 너의 데이트 상대는 만날 때마다 달랐으니 말이다 (나는 너의 귀여운 여자 친구들에 대하여 기록하는 것을 오래 전에 포기하고 말았다)!

하지만 네가 컴퓨터처럼 "이제 결혼할 때입니다."라고 말하는 것을 웃으며 흘려들을 수는 없었다. 더구나 너는 다음 달이나 내년 여름 이야기가 아니라고 잘라 말하더구나. 지금 당장이라고 말이다. 이 같은 뜻밖의 사실을 우연히 들은 나는 적잖이 당황하고 있다. 네가 생각하는 결혼은 과연 무엇일까? 친구들이 모두 결혼했기 때문에 너도 해야만 한다고 느끼는 것이냐? 그것이 유행이라면 뛰어들고 보자는 말이냐?

마틴 루터도 분명히 이렇게 말했다. "행복한 결혼처럼 바람직하고 정이 넘치는 매력적인 관계, 또는 공동생활은 없다."

나 역시 이에 동감한다. 하지만 결혼을 결코 가볍게 생각해서는 안된다. 그것은 어떤 의미로는 자연의 힘에 의한 결합이지만 최후의 결과는 그 결속력으로 가늠되기 때문이다. 실제로 이 힘은 제멋대로 움직여서, 컴퓨터처럼 프로그래밍도 할 수 없고 그렇다고 기계적으로 만들어낼 수도 없지.

결혼에 대해 사려 깊게 생각하지 않고 인생의 매우 큰 부분으로서 진지하게 임하지 않는다면 이혼과 정신적 고통, 그리고 대부분의 경우 예금의 격감이라는 형벌을 받을 것이다. 정신적인 고통은 대개 연속적인 결혼의 파탄으로 이어지는 실패증후군을 동반하며, 아이들 문제까지 얽히면 고통은 배로 커진다. 너는 아직 아버지로서 아이들에 대한 애정을 느낀 적이 없으니 실감하기 어렵겠지만, 유감스럽게도 가끔 식기도 하는 부부의 애정과는 달리 아버지의 아이들에 대한 애정은 결코 식지 않는단다. 그러므로 이혼은 반드시 큰 고통을 가져온다.

두 번째, 비즈니스 감각으로 생각해볼 때 결혼은 그것 자체가 중대한 투자이다. 행복한 결혼은 인생의 큰 버팀목이 되어 그 가치를 측정할 수 없는 한편, 불행한 결혼이 초래하는 손실도 헤아릴 수 없기 때문이다. 쉬운 예로 불행한 결혼을 해결하기 위해서는 종종 네가 지닌 부의 반을 희생하고도 매년 부양비를 지불해야만 하지. 그런데도 오늘날의 젊은이들은 결혼을 그다지 대수롭지 않게 생각하는 것처럼 보이는구나. "잘 안되면 헤어지면 된다."는 말이 너무나 쉽게 들리니 말이다. 나는 결혼이라는 굉장한 대사업이 그처럼 경솔하게 취급된다는 사실이 슬프기까지 한데, 뒤따르는 불필요한 고뇌를 보면 더욱 비통하다.

그런가 하면 세상에는 이 단 한 번의 기회를 놓치지 않고 제대로 결혼해 완벽한 결혼 생활을 이끌어 가는 사람들도 있다. 과연 그 비결은 무엇일까? 그러한 결합에는 대개 서로의 배려뿐만 아니라, 반드시 성공시키고야 말겠다는 단호한 의지가 있어야 한다. 그런데 너는 다행스럽게도 차분히 '반려자'를 선택할 수 있는 입장에 있구나. 성격 좋고, 인품도 대단히 훌륭하고, 게다가 아버지를 닮았으니 말이다! 이런 하늘이 준 은혜를 모두 활용한다면 결혼이라는 사업에 훌륭한 투자가 가능하다는 것은 의심할 여지가 없다.

이 투자에는 어떠한 자질이 필요할까? 네가 의견을 물을 것이라 생각하고 대답까지 하자면, 온화한 성격과 올바른 인격을 갖춘 여성을 선택해야 한단다. 즉 질투심이 강하고 콧대가 너무 높지 않은지 관찰하여라. 이러한 성향은 나중에 큰 혼란을 불러일으킨다. 또 소문을 좋아하는 여성이나 욕심 많은 여자도 전염병처럼 조심하거라.

더불어 네가 일생 동안 그 여성을 바라보며 살게 되는 만큼 그녀가 평균 이상의 외모를 갖춘 여성이기를 바란다. 분명히 껍질 한 장 차이이지만 그것이 마음의 아름다움과 합쳐진다면 그보다 더한 행복이 있을까.

덤으로 머리가 명석하다면 그 여성을 긍정적으로 고려하기 바란다. 또 예의범절을 구별할 줄 알고, 복장이 품위 있으며 너의 동료와의 대화에 배려하는 마음가짐이 있다면 금상첨화이다. 그와 함께 진정한 공동 경영자로서 너와 대등하게 의견을 교환할 수 있는 능력이 있다면 더욱 적극적으로 고려하기를 권한다.

너는 사교적인 성품과 넋을 잃게 하는 미모만으로 공동경영자를 선택할지도 모르지만, 너의 친구들은 지성이나 성실함, 때로는 기품 등의 다른 자질들을 기대할지도 모른다.

만약 결혼에 대한 투자가 매우 적절하게 이루어진다면 너는 눈 깜짝할 새에 높은 곳으로 올라갈 것이다. 이처럼 대단한 위력을 갖는 것이 또 있을까. 실제로 훌륭한 아내와 보조를 맞추기 위한 노력처럼 자기 자신의 가치를 높이는 일은 없단다.

물론 그 외에도 고려해야만 하는 점이 있다. 그 여성은 활발한가(게으른 사람은 아닌가), 청결한가(싱크대에 항상 닦지 않은 그릇들이 가득하지 않은가), 유머가 있는가(이것은 덤!)? 그렇지만 혹시 매력적이고 기품이 있고 머리가 좋다면, 모든 것을 손에 넣을 수는 없으므로 지금 말한 다소의 결점은 넓은 마음으로 이해하기 바란다. 앞에서 말한 중요한 세 가지만 확실히 갖추어져 있다면, 너의 장래는 평안하고 무사할 것이다. 단 피할 수 없는 위기에 직면했을 때에도 서로 애정과 존경의 마음을 가지고 함께 어려움을 해결해 나가야 할 게다.

그리고 '헤어진다'는 단어는 너희들의 마음속에도 어휘 속에도 없는 것으로 여겨야 한다.

혹시 친구의 아내를 만나 마음속으로 생각한 적이 있을지도 모르겠다. "이 여성이라면 투자해도 좋았을 텐데!"

그렇다면 그 사람들은 별로 만나지 않는 것이 좋다. 그런 종류의 갈등은 쓸데없는 짓이니까. 너만의 완벽한 반려자를 찾도록 하여라.

어떤 여성에게 가장 호감이 가는지 조사하고 분석해 두어라. 그리고 마지막으로 결혼하기 전에 '더 좋은' 투자 대상을 놓치지 않도록 확인하여라. 사람들이 말하는 것처럼 "결혼 전에는 눈을 크게 뜨고, 결혼 후에는 반쯤 감는 게 좋다."

덧붙여서, 혹시 조사 중에 귀중한 보석을 발견한다면 "약자는 결코 미인의 마음을 사로잡을 수 없다."는 말을 잊지 않도록 하여라. 아름다운 그녀를 설득하기 위해서는, 마음은 물론이고 머리를 써서 면밀하게 계획을 짜야 한다. 마음이라는 것은 제어하지 않으면 어떤 심술을 부릴지 모른다. 말이 안 나오게 하거나, 그릇을 엎거나, 재수 없이 무언가에 부딪치거나, 이렇다 할 이유도 없이 식욕을 잃게 할지도 모른다. 적어도 상대가 너에게 어느 정도 마음이 있음을 알기 전까지는 마음의 긴장을 늦추지 않도록 해라.

여성은 신중한 남성에게 약하다. 특별한 여성이 나타나 단 한 번의 데이트로 끝내고 싶지 않거든 특히 이 사실을 명심하거라(이 신중함을 네가 선택한 여성과 함께 보낼 약 50년간 계속 유지한다면 모든 것이 원만하게 전개되겠지).

'새로운 투자'에 대해서 네 의사가 결정되면 일종의 대차대조표를 연구하여 가정의 시간과 일의 시간을 타당한 비율로 나누는 것이 좋다. 어느 쪽에 치우치는 것은 바람직하지 못하다. 특히 신혼여행이 끝나자마자 일이 너무 겹치지 않도록 주의해라. 만능의 돈을 쫓는 것이 우리의 일이지만 일주일에 5일, 오전 8시에서 오후 6시까지 쫓아다녀도 생계가 유지되지 않는다면 그 일을 포기하는 것이 좋다. 예전에 존 드라이든이 쓴 다음과 같은 말을 묘비에 새기기 위해서 일생을 소비하고 싶은 사람이 있을까?

이곳에 내 아내가 잠들다.

이곳에 아내를 잠들게 하라!

아내가 편하게 잠든 지금, 나도 평안을 얻었노라.

　네가 여기에 적은 것 대부분을 실행한다면, 그리고 은혜로운 하느님과 많은 행운이 네 편이 된다면, 너는 아마도 행복한 결혼 생활을 할 수 있을 것이다. 그런 사람이 적은 것이 유감이지만 말이다.

－ 사랑의 신으로부터

장애물이 없는지 확인해라

아들은 사업을 대폭적으로 확장하고 싶어하지만, 경험이 부족하기 때문에 몇 가지 중요한 문제점을 간과하고 있다. 아버지는 이런 점에 주의를 환기시키려 한다.

우리의 사업을 단숨에 75퍼센트 정도 확대하려는 네 계획서를 상당히 흥미롭게 읽었다. 이 업계에서 3년의 경험밖에 없는 너로서는 당찬 계획을 세웠구나.

너는 창조력을 발휘하여 회사를 위한 매우 야심적인 미래를 설계했지만, 그 근거를 이해하기 어렵다. 이러한 계획을 세운 동기는 무엇이었을까? 우리는 최근 100퍼센트가 아니라 80에서 90퍼센트의 능력만을 발휘하고 있다. 우리와 같은 사업에서는 보통 확대의 필요성에 쫓기지 않고도 평소 능력의 120퍼센트까지 생산력을 높일 수 있는데, 내 기억이 잘못되지 않았다면 너의 판매 노력 덕분에 그만큼 생산력을 높인 적이 두 번 있었지.

너는 경쟁 회사가 우리에게는 없는 설비를 갖추어 대량 주문을 처리해낼 수 있는 능력을 보유했기 때문에 우리보다 훨씬 대량의 주문을 확보하는 것이라고 생각하는구나. 흥미로운 지적이다. 그러나 나는 경쟁 회사에 대해서 웬만한 것은 알고 있고, 그 위상도 알고 있다. 우선 그 회사는 우리가 제공하지 않는 몇 가지 중요한 서비스를 제공한다는 점에서 우리와는 경영 방침이 상당히 다르다. 우리가 그런 종류의 서비스를 제공하지 않는 것은 특정의 포장 분야에서는 맞부딪치고 싶지 않기 때문이다. 굵직한 주문을 취급한다 해도 대량 주문이 지속되지 않는다면 채산을 맞추기 어려우므로 특제품에 관한 경쟁사의 설비 투자를 부러워할 마음 또한 없단다. 최근의 시장 판도를 보면 그런 종류의 포장에 대한 소비자의 인기는 하향 추세이다. 그러므로 경쟁 회사는 당분간 그 양을 유지할 수는 있어도 더 이상의 상승은 기대하기 어렵겠지. 그리고 우리 고객의 대부분은 생산량보다는 포장의 종류에 더욱 주의를 기울여 관찰한다. 우리가 하청 받을 수 있는 것 세 가지에 중에서 생산할 수 없는 것은 한 가지. 나쁜 비율은 아니다.

우리 사업의 성장률은 최근 연간 약 30퍼센트에 이른다. 할 수 있는 한도 내에서 열심히 해왔다고 생각한다. 유능한 사업가로서 실력이 녹슬지 않게 하려면 어느 정도의 욕심이 있어야 하지만 욕심의 아수라장에 발을 들여놓는 것처럼 비참한 일은 없다.

우리는 여러 가지 이유 때문에 현재보다도 빠른 속도로 사업을 확대할 수는 없다. 나를 지나치게 보수적인 겁쟁이라고 결정짓기 전에 당면한 문제를 사장의 입장에서(잠시 마케팅 의 입장을 떠나) 검토했으면 한다. 현재의 성장률로 계속 나간다 해도, 새로운 설비의 구입과 공장의 확장은 은행에서 짜낼 수 있는 자금과 세금을 제한 후의 이익 거의 모두를 먹어치운다. 은행의 부채가 매년 증가하고 있다는 사실을 감안하면, 우리 상황이 결코 여유롭다고 말할 수 없을 게다. 이 차입금을 상환하고 이자를 지불하는 데는 앞으로 몇 년이 걸리겠지. 그러므로 마케팅 부문에서도 노를 잡은 손을 놓지 말자꾸나.

자금을 충분히 빌릴 수 있는 곳이 있어 자금 문제를 해소한다면, 그 시점부터 제품의 질을 항상 이전과 같이 높은 수준으로 유치하기 위한 새로운 사원의 훈련이라는 문제가 대두된다. 너는 분명히 입사 첫날 나와 나눈 이야기를 기억하고 있을 것이다. 나는 우리가 지금까지 거둔 성공의 이면에는 몇 가지 이유가 있다고 강조했다. 그 중에서도 가장 중요한 것은 우리가 품질을 중시했다는 점이다. 그러기 위해서는 넓은 용지를 매입하여 설비를 들여놓고 생산력을 늘려야 할 뿐만 아니라, 그곳에서 일하는 조제원, 기계공, 직공장 그리고 유능한 일반 직원이 잘 조화를 이루어야 한다. 그렇지 않으면 나는 물론 너 또한 반년 만에 무일푼 신세가 되겠지.

우리는 작년에 직원을 15퍼센트 늘렸는데 신규 채용자의 대부분은 완전히 초심자였다. 이 업계에서 경험자는 좀처럼 찾아볼 수 없고, 이런저런 이유로 경쟁 회사를 그만두고 싶다며 접근하는 사람은 경계해야 한다. 경쟁 회사가 노동자를 착취하고 있기 때문이라면 우리 회사에서 일하고 싶다고 찾아오는 사람이 한둘은 아닐 게다. 내 느낌으로는 그들은 무언가의 이유로 경쟁 회사에서 견딜 수 없기 때문에 우리를 찾는 것이다.

어쨌든 우리 사원은 처음부터 우리의 방식으로 훈련시키는 것이 좋다. 늙은 개에게 새로운 기술을 가르치기란 쉬운 일이 아니지. 비용도 많이 든단다.

오늘날처럼 끊임없이 성장하고 발전하는 세계에서는 약간 소극적이 아닌가 싶은 사고를 하는 사업가들도 있다. 그들의 주장에 의하면, 새롭게 개발한 사업에서 꾸준히 이익이 오르면, 채무의 상환이라는 최대의 장애를 비롯하여 사업을 키우며 겪는 모든 고뇌를 극복했다고 생각해도 좋다고 한다. 가장 힘들고 위험한 시기는 지났다고 볼 수 있다는 거지. 그쯤 되면 큰 고객이나 유능한 사원을 한 명 잃었다고 해서, 혹은 제품이 한꺼번에 반품되었다고 해서 그것이 바로 파멸로 이어지지는 않기 때문이다. 이렇게 되면 지레를 들이대도 까딱하지 않는다. 확장할 마음도 없어진다. 사업이 성장 궤도에 접어든 데다 앞에서 말한 한두 가지 위기 때문에 도산할 위험이 없어진다면, 안락의자에 편안히 앉아 있는 것처럼 정말 쾌적하기 때문이다.

여기서 대규모의 사업 확대는 언제나 처음부터 다시 시작하는 것과 같다는 점을 고려해야 한다. 확장한 사업을 궤도에 올려놓는 데 필요한 새로운 고객을 개척하여 유지하고, 게다가 확장비용과 반드시 수반하는 경영진의 두통약 비용을 벌기 위해서도 큰 이익을 올려야만 한다.

사업가 중에는, 회사가 결코 위험에 노출될 틈 없이 지속적으로 성장하게끔 한다는 계획을 세우는 사람도 있다. 그러기 위해서는 야심을 억제하는 냉정한 자제심과, 나의 표어이기도한 "과한 욕심을 내지 말라!"는 말을 명심할 필요가 있다.

불행히도 사업 확장으로 인해 회사를 잃은 사람도 있다고 한다면 의외로 들릴지 모르겠구나. 그것이 사업이란다. 처음부터 다시 시작하겠다는 기백과 인내력, 자금력, 이 모두를 갖춘 사람은 매우 드물다. 돈을 빌려준 사람들이 이 불운한 사업가의 판단력을 경계하게 되기 때문이다. "한 번 물리고 나면 두 번째는 신중해진다."

나로서는 종래의 방침대로 무리하지 않고 은행도 안심할 수 있는 속도로 성장하는 것이 현명하다고 생각한다. 그리고 다른 회사와 경쟁하기 위해서 대폭적으로 사업을 확대하는 일은 조금 두렵기도 하다(내가 쉽사리 무서움을 타지 않는 사람이란 것은 너도 인정하겠지). 경쟁 회사와는 같은 일로 경쟁하는 것이지, 같은 제품으로 경쟁할 필요는 없단다. 우리는 우리의 특제품으로 경쟁 회사와 경쟁해야 한다. 그런 주문이라면 우리는 바로 대응할 수 있다.

너의 마케팅 아이디어를 이러한 기준에 따라 확대해 나가는 것은 어떨까? 나는 기꺼이 작업 시간을 연장하여 네가 성립시킨 새로운 모든 주문에 대해서 반드시 납품 기한을 지키려고 최선을 다할 것이다. 우리는 또한 너의 새로운 고객이 모두 다시 주문을 할 수 있도록, 언제나 그랬던 것처럼 질 높은 작업을 보장할 것이다. 앞에서도 말했듯이 우리는 현재 8~90퍼센트의 능력밖에 가동시키지 않고 있다. 언제든지 주문에 대응할 수 있다!

너의 새로운 아이디어는 주저없이 들려주기 바란다! 그렇지 않으면 우리의 사고는 침체할 것이다. 나는 네가 이 열차를 시속 120마일로 달리게 하려는 데에는 어떤 이견도 없단다. 단지 앞길에 장애가 없다는 것을 확인하고 싶을 뿐이다. 탈선하면 일이 복잡해지니까!

— 네 곁의 '겁쟁이' 로부터

신용은 돈으로 살 수 없다

아들 이름으로 된, 상당한 액수의 계산서가 회사에 날아들었다. 아버지는 아들의 금전 감각에 다소 불안을 느끼면서 이 지출이 모두 회사의 번영을 위해 없어서는 안 될 것이었는지 묻는다.

최근 나는 회계 담당이 지불 결제를 해달라고 올려 보낸 두세 가지 청구서를 보고 다소 눈썹을 치켜 올렸다. 여기서 '다소'란 거의 머리 꼭대기까지라는 의미이다. 너의 접대비 가운데 왕족을 접대했나 하는 생각이 들 정도의 계산서가 두세 개 있는데, 내가 아는 한 우리 회사는 왕족과는 일체 거래를 하지 않는다. 그렇다면 고객이 왕족의 기분을 느낄 수 있는 우아한 밤을 이 도시에서 보내고 싶다고 너에게 요구한 것일까? 그래, 농담은 그만 하자꾸나. 내가 알고 싶은 것은 네가 혼자서 왕족과 같은 낭비벽을 몸에 익혔는가 하는 점이다.

너에게는 호감이 갈 만한 특성이 많아(우리의 돈 이외에도) 고객이나 친구들에게 좋은 인상을 주고 있다. 그런데 혹시 큰 향응을 베풀어서 이미지를 향상시키려는 속마음을 가지고 있다면 계속 읽어보거라.

우리의 돈에는 두 가지 용도가 있다. 사업에 투자하여 수익을 올리기 위한 것과 사용하여 즐기기 위한 것이다. 그 보답은 오랜 세월 눈을 즐겁게 해주는 훌륭한 가구일 수도 있고, 다음날의 숙취여도 좋다. 하지만 돈의 그릇된 쓰임새 중에 내가 가장 우려하는 용도는 사람에게 좋은 인상을 심어주려고 사용하는 것이다. 첫 인상은 매우 중요하다. 새로운 고객이라면 고급 레스토랑으로 초대하여 기분을 맞춰주는 것도 즐거운 일이지. 그리고 자신감을 갖고 사업 상담을 진행시키기 위해서 우리의 공장 견학을 마친 고객에게 100달러짜리 식사를 접대하는 것도 좋은 일이다. 하지만 만날 때마다 지갑을(그 지갑은 내 것이기도 하다) 텅 비워서는 안 된다.

또한 이런 점도 고려해야만 한다. 너의 돈 씀씀이가 헤프다는 인상을 받으면 많은 고객이 너를 멀리할 수도 있다는 점이 다. 네가 사용하고 있는 돈이 자기들과의 거래에서 얻은 이익은 아닌가 하는 생각이 뇌리를 스쳐가지 않을까. 게다가 그 씀씀이가 지나치게 호화스럽다면 쓸데없이 높은 가격으로 물건을 사는 것은 아닌가 하는 의구심이 들지도 모를 일이다. 그들은 얼마 지나지 않아 경쟁사의 장점에 눈을 돌릴 것이고, 너는 그들과의 거래 관계를 유지하기 위해서 악전고투하는 지경에 이르겠지.

회사가 번영하고 있음을 보여주는 것도 중요하지만 사치로 여겨지거나 돈을 낭비하는 어리석은 사람으로 보여서는 안 된다. 이상하게도 사업가는 돈을 만드는 것이 직업이고 대개의 경우 최대의 관심사이기도 하지만, 몇 백만 달러의 부를 쌓아도 그것을 쓸데없이 사용하면 어리석은 사람으로 취급받는다.

그런 사람과는 누구도 거래를 하고 싶어 하지 않는다. 너는 아마도 "돈과 바보의 관계는 오래 지속되지 않는다."는 옛 격언을 들은 적이 있겠지. 그 말 그대로다.

생각해보면 나는 하늘로부터 수많은 은총을 부여받았는데, 너에게 전해주지 못한 것이 하나 있다. 그건 바로 가난의 경험이다. 나는 가난하게 태어나 상당한 세월, 먹느냐 먹히느냐 하는 상황 속에서 살아왔다. 그 무렵 마을에는 정말로 대단한 부자가 한 명 있었는데 나는 그 부자를 보면서 마음을 굳게 다졌단다. 그는 무엇이든 대단했다. 집도, 자동차도, 입고 다니는 옷도 그리고 마을의 자선 활동에도 반드시 최고액을 기부했지. 내가 성장하여 자세히 그를 관찰할 수 있게 되었을 때, 특히 그의 사업 방식에 대해서 여러 가지 소문이 들려왔다. 상사로서 상당히 까다롭고 엄격한데다가 10달러의 마지막 1센트까지 이익을 짜낸다는 이야기였다. 그를 '고집쟁이 구두쇠'라고 하는 사람도 많았지만 지금 생각해보면 그것이 모두 진실은 아니었음을 알 수 있단다. 험담을 하는 사람들은 그 사람의 성공이 부러웠던 것에 지나지 않는다. 그들은 상상의 세계에서 혹시 자기가 그만큼의 돈을 갖는다면 어떻게 쓸까 꿈을 꾸었던 것이다. 어머니는 자주 "작은 돈에 주의하면 큰 돈은 알아서 관리된다."고 말씀하셨다. 어머니는 그 부자를 잘 알고 있었다고 생각된다. 그의 행동은 정말로 그랬으니까.

그렇다고는 하지만 그 사람은 작은 마을에서 유리 상자 속의 금붕어처럼 살았다. 그가 하는 일 모두가 마을 전체의 관심사였지, 그의 소식은 마을 전체의 화제였다. 소문내기 좋아하는 사람들이 접근하려 안달하면서, 이리저리 짜 맞추고 거기에 사족을 달아 실제 이상으로 과장되어 퍼져 나갔다. 그러나 나는 그러던 사람들이 교회의 모임에서 그의 비위를 맞추려고 아첨하는 꼴을 보았다. 그의 행동과 건강, 그리고 그가 성공한 사업가라는 사실을 분에 넘칠 듯한 웃음을 담아 칭찬해댔지.

하지만 그는 1분 이상 속지 않았다. 사람들의 친절한 말을 은근하게 받아들여 감사를 표하면서도, 언제나 그들의 모자, 수염 또는 그들이 준비한 맛있는 음식을 칭찬했다. 그 사람은 자신의 재산이 음지에서 사람들에게 어떤 도움을 주는지, 혹은 그들이 전혀 관심 밖의 시시한 농담을 하고 있는지 잘 알고 있었지만, 마음에 두지 않았단다. 그저 월요일 아침이면 공장에 출근하여 엔진에 시동을 걸고 돈을 벌었다.

내가 말하고 싶은 것은 돈이 있다는 게 반드시 좋지만은 않다는 점이다. 너는 거짓 친구들에게 둘러싸여 조끼 단추가 떨어져 나가는 공허한 아첨의 바다에 빠질지도 모른다. 내 친구의 대부분은 재산이라 할 정도의 것을 쌓기 전부터 사귀었으므로 너만큼 주의할 필요는 없다고 본다. 하지만 다소 재산이 있는 집에서 태어난 너는 공허한 아첨의 거짓 선물로 속이는 타인이나 친구를 아무쪼록 조심했으면 좋겠구나.

사람의 마음은(적어도 대부분의 사람은) 부자에게 끌리고 친구가 되고 싶어한다. 왜 그런지 그것만으로도 마음에 위안을 느끼는 듯하다. 많은 사람들이 네 친구로 보이고 싶다고 생각하겠지. 진정으로 그렇게 바라는 사람도 있고, 겉으로만 그런 사람도 있다. 너의 집에 재산이 있다는 이유만으로 네 친구들 속에 들어가고 싶어하는 사람은 경계해야 하겠지만, 순수한 우정을 오해받고 싶지 않아 조심스레 거리를 두고 있는 정직하고 성실한 사람들도 있음을 간과하지 않도록 하여라. 그들은 네가 기꺼이 참석할 수 있는 행사에 '와주었으면 좋을 텐데'라고 생각은 하면서도 초대장을 보내지 않을 게다.

그런 사람들을 소중하게 생각해야 한다. 네가 먼저 초대하면 그들도 그 답례로 너를 거리낌없이 초대할 수 있단다. 너는 그들의 너무나도 정중한 태도에 몸둘 바를 모를 것이다. 어째서 그들이 그런 태도를 보이는지 그 이유를 나도 확실하게 알지 못한다. 그것 또한 인간의 기묘한 특성이며 돈이라는 것이 베풀어주는 은혜겠지.

말 나온 김에 한마디 더 하자면, 친구를 쉽게 잃는 확실한 방법 중 하나는 돈을 빌려달라는 부탁을 받고 돈을 빌려주는 것이다. 그것은 절대로 해서는 안되는 행동이다. 혹시 네가 친한 친구의 어려움을 알게 되어 도움을 주어야겠다고 생각한다면 네가 먼저 이야기를 꺼내는 편이 훨씬 낫다. 네가 자진해서 도움을 준 친구는 보통 그 도움을 모두 갚고 우정을 배반하지도 않는단다. 그러나 너에게 돈을 부탁하는 친구는 단념할 수밖에 없겠지. 돈을 빌리고 싶다면 은행에 가면 된다. 이것이 우호 관계의 질적 수준을 측정하는 흥미로운 저울이 아닌가 하는 생각이 들었다면 그것은 결코 잘못된 생각이 아니다. 이미 수세기에 걸쳐 사용되고 있는 저울이란다.

너는 이미 사람이 돈을 만들지 돈이 사람을 만들지 않는다는 사실을 이해했을 것이다. 기원전 500년, 테미스토클레스는 딸에게 두 사람의 구혼자가 나타나자 유복한 구혼자보다 가난한 구혼자를 택했다는구나. 그쪽이 딸과 어울렸기 때문이지. 실로 사려 깊은 행동이다. 그는 인물에 걸맞지 않은 재산보다는 차라리 재산을 갖지 않은 인물을 선택한 것이다.

나는 완전히 아무것도 없는 곳에서 사업을 발전시켜 성공했다는 점에 조금은 자부심을 느끼고 있다. 정말 조금이니 용서해주기 바란다. 네가 우리 회사에 입사했을 때는 이미 사업이 자기 궤도에 안착한 후였으니까, 너는 더욱 크고 훌륭하게 사업을 키워 나가면서 자부심을 느끼겠지.

네가 거물 기분을 내고 싶더라도 그것은 사업에서 신천지를 개척한 다음으로 미루었으면 한다. 그렇지 않다면 나는 큰 망치를 꺼내들고 "저는 보통사람입니다."라고 말할 때까지 네 부풀어 오른 가슴을 내리쳐야겠지. 그렇다고 해서 두세 번의 성공 뒤 나누는 축배 한 잔까지 신중하라고 말할 생각은 없다.

다만 절친한 친구들과 조용히 기쁨을 누리도록 하여라. 그러면 혹시 사태가 역전되었다 해도 그 소수의 친구에게만 실패를 알리면 되니까. 성공을 세상에 퍼뜨리지 않으면 실패를 알릴 의무도 없다.

앞서 말한 것처럼 재산이 있는 사람을 부러워하는 사람은 많단다. 나는 부유함도 가난함도 다 겪었으니 그 기분을 어느 정도 알고 있지. 그러기에 너에게 가르쳐주고 싶구나. 가난보다 부유함이 더 좋다는 것을. 그러나 재산이 있으면 고독을 느낄 때가 많고, 진정한 우정을 유지하거나 정직하고 충실한 새 친구를 얻기가 어려워진다는 사실을 잊지 말아라.

돈은 극히 개인적인 것이므로 극히 개인적으로 사용하도록 해라. 잘 쓰면 인생의 기쁨이 커질 게다. 돈은 세상을 바라보기 위한 수단이며, 이 세상에서 만들어진 훌륭하고 아름다운 것들을 보고, 손에 넣을 수 있게 해준다.

현명한 사람은 부자가 될 수 있지만, 부자가 되면 어리석어지는 경우가 많다(혹은 아내가 어리석어진다). 네가 가끔 누구누구는 돈이 꽤 있었는데 전부 날려버렸다는 이야기를 듣는 것은 그 때문으로, 대개는 투자에 실패하거나 내일을 생각하지 않고 다 소비해버린 경우란다.

너에게서는 그런 징후를 찾아볼 수 없으니 일부러 이런 이야기를 할 것까지는 없겠지만, 돈은 써서 즐겨야 하는 것이지 어딘가의 수전노처럼 사과 상자에 모아두자는 것은 아니라는 사실을 한번쯤 강조해두고 싶구나. 여가에 사용하는 비용이 적절하다면 그리 걱정할 것은 없단다(네 어머니는 가끔 걱정하지만). 자기가 쓴 돈의 용처를 일일이 기억하거나 설명할 수 있는 사람은 아무도 없으니 말이다.

우리 회사에는 명심해야만 하는 기본적인 규칙이 있다. 네가 처음 벌어들인 1달러를 씨앗이라고 생각하라는 것이다. 뿌리는 방법이 올바르고 은혜로운 하느님의 힘이 함께 하신다면, 씨앗은 성장해서 그 다음해 너에게 2달러를 거둘 수 있도록 하겠지. 이렇게 해서 처음 10만 달러가 될 때까지의 길은 대단히 멀다는 것을 잊지 말아라. 보통 거기에서 2백만 달러가 될 때까지보다 훨씬 멀고 험난한 길이다.

씨앗과 똑같이 돈도 늘어난다. 그리고 너의 신용도 늘어간다. 올바른 계획을 재빨리 추진하기 위해서 우리는 신용의 한도를 최고로 유지해야 한단다. 수중에 1달러밖에 없을 때는 1달러를 빌리기도 어렵지만, 1백만 달러가 있으면 비교적 쉽게 1백만 달러를 빌릴 수 있지. 사원의 대우 개선과 이익 증대를 가져오는 큰 거래나 효율적인 공장과 설비의 도입에는 이 정도의 자금이 필요하다.

돈이 들어오는 시간은 헤아릴 수 없이 길지만, 나가는 시간은 너무나도 빠르다는 사실에 눈이 휘둥그레질 수도 있겠지.

따라서 1달러를 벌 수 있는 올바른 경로가 발견되면, 단지 변화를 주기 위해, 혹은 신선함을 추구하기 위해서 그 확실한 방식을 주물러 뒤흔드는 일이 없도록 하여라. 성공으로 통하는 길목은 좁고도 멀다. 한 번 길이 열리면 그곳에 머물러라. 하나의 사업에서 돈을 벌면 자기는 천재라고 굳게 믿고, 빠른 속도로 멀어져 가는 분야의 완전히 다른 사업에 손을 대는 사람이 많단다. 그 결과 애써 쌓아올린 재산을 완전히 잃은 경우도 적지 않고, 대부분 첫 사업에 대한 지겨움, 또는 바싹 마른 삼목 통나무조차 가라앉게 만드는 기업가로서의 자만심이 그 원인이지.

혹시 돈이 너무 모이는 것을 걱정하여 펑펑 쓰려 한다면, 네 지원을 필요로 하는 사람들이 세상에는 적지 않다는 사실을 상기해야만 할 게다. 예를 들면 우리의 건강을 회복시켜 준 병원도 있고 말이다. 나는 너에게 돈의 바다에서 허우적거리는 모습을 생각해보라고 하고 싶지는 않다. 너의 지난 달 교제비를 보면 지금도 청구서의 바다에서 허우적거릴 것 같구나.

나는 성경 중 「디모데 전서」에 기록된 "돈을 사랑함이 모든 악의 뿌리가 되느니라."라는 생각에는 찬성할 수 없고, 「전도서」의 "축제는 웃음을 가져오고, 포도주는 환희를 선사하지만, 돈은 모든 욕구를 충족시켜 주느니라."는 생각에도 동의하기 어렵다. 그 중간쯤 어딘가에 상식, 친절, 근면, 기쁨, 즐거움 등이 돈을 가지는 것과 결부되어 있을 게다. 너는 유전적으로 당연히 이런 면들을 조금씩 고려하면서 돈을 사용하겠지.

  다음의 저녁 모임, 혹은 파티에서는 네 신용을 지키는 데 신경을 썼으면 한다. 아무리 많은 돈이 있더라도 믿음직하지 못한 사람은 존경받지 못한다. 자기의 지갑에 대해서는 차분하게 출납의 균형을 유지하고, 회사의 지갑에 대해서는 현명하게 사용하는 기술을 닦자. 명성과 부는 일생 중 짧은 순간으로 끝나기도 하지만, 진실과 신용은 가치 있는 인생의 지주가 되지. 원만한 가정, 건강, 진정한 친구, 충실한 사원, 진실한 사랑 또는 진정한 존경이라는 궁극적인 보물을 돈으로 살 수 있었던 사람은 아무도 없단다.

                                  - 너의 자금원인 아버지로부터

강연은 자신을 갖고

아들은 모교의 경영학과 학생을 위한 강연을 의뢰 받고 기쁘게 받아
들였다. 하지만 많은 사람들 앞에서 강연하는 장면이 눈앞에 떠오르
자 아연실색하고 만다. 아버지는 긴장에 대처하는 몇 가지 비결을 전
수하려고 펜을 든다.

네가 은사로부터 최종 학년 학생들을 위해 비즈니스 세계에 막 들
어섰을 무렵의 이야기를 해달라는 부탁을 받았다는 소식을 들었다.
대학 시절 교수에게 꽤 인정을 받았던 모양이구나(당시 너의 성적으로
는 그렇게 생각되지 않지만). 어찌 되었든 너는 의뢰를 받았을 때 자랑스
러운 나머지 조끼 단추가 세 개는 날아갔음에 틀림없겠지. 당연하지
만, 정신을 차리고 보니 그런 명예로운 역할을 다할 준비가 되어 있
지 않다는 사실 때문에 걱정이 될 게다.
　현재 비즈니스 세계를 보는 너의 시각이 학생 시절과 어떻게 다른

가에 대해서는 내가 참견할 바가 아니다. 그러한 생각은 너의 개인적인 재산이란다(네가 아버지 같이 안 좋은 사람 밑에서 일하게 될 줄은 몰랐다고 이야기하지 않을까 하는 생각도 들고, 혹시 그렇다면 내친김에 회사에는 미운 사람들로 가득하다고 말하면 된다. 그것은 상사라 불리는 사람들이며, 대학의 인간관계에서는 그다지 듣지 못하는 말이라고).

네가 강연자로서 어느 정도의 기량을 보일지 아직 불분명하지만 확실한 점은 몇 가지 있단다. 예를 들면 너에게 첫 번째 기본적 요소, 즉 입이 붙어 있고, 두 번째 요소 머리도 있으며(적어도 그 전에 만났을 때는 있었다), 세 번째 똑바로 설 수 있는 다리 둘도 갖추고 있다.

우선 입에 대해서 말해보자. 입에서 말을 내보내는 방법은 대단히 중요하다. 듣는 사람이 너의 말을 쉽게 이해할 수 있도록 발음을 명확하게 하여 말하는 방법을 연습하는 것이 좋다.

주제는 훌륭한데 이해할 수 없는 말이나 표현이 많아. 내용이 거의 통하지 않는 연설을 몇 번인가 들은 적이 있다. 표현이 적절하지 않고, 발음이 명확하지 않고, 성량이 충분하지 않다면, 논지가 모호해지고 종잡을 수 없게 된단다.

강연의 초고는 지금 바로 준비하도록 해라. 말하는 연습이 시간을 상당히 먹어치우기 때문이다. 우선 초고를 누군가의 앞에서 큰 소리로 읽고 확실하게 통하지 않는 말이 있다면 지적을 해달라고 하거라. 발음이 명확하지 않은 단어가 있다면 쉬운 말로 바꿔야겠지.

원고를 정성껏 퇴고했다면 단상 앞에 서서(침실의 화장대로 충분하다), 마이크를 사용해 연습한다(무엇을 대용해도 좋다). 입은 마이크에서 6에서 8인치의 거리를 유지할 것. 그렇지 않으면 네 음량은 요요처럼 「고요한 밤 거룩한 밤」에서 하드록으로 튀어다니며 사람들이 듣기

거북하게 만들 것이다.

　체중을 두 다리에 균등하게 나누고 서서 몸을 흔들거나 구부리지 말 것. 그렇지 않으면 청중은 산만해져서 강연에 집중할 수 없게 된다. 이 방법들을 지킨다면 청중 또한 한마디도 놓치고 싶지는 않을 게다(훌륭한 연설이므로).

　정말로 연설을 잘 하는 사람에게는 또 하나의 비결이 있다.

　바로 숨 쉬는 기술이란다. 뛰어난 강연자는 깊게 숨을 들이마시고, 문장 전체 혹은 긴 문장의 한 단락을 단숨에 말한다. 절대로 중간에 숨이 끊긴 상태에서 이야기를 시작하거나, 강연 도중에, 혹은 무의미한 전치사에서 연설이 끊어지는 일이 없다. 사람들 앞에서 말을 잘 하고 싶다고 생각하는 사람은 누구라도 그 비결을 습득하는 데 고생을 하지. 그러기 위해서는 끊임없이, 가능하다면 실제로 연습해볼 수밖에 없단다.

　집에서 연습하는 것도 물론 중요하지만 실제와는 비교할 수 없다(네가 엄청난 예외가 아니라면). 강연을 막 시작했을 때는 청중에게 말을 거는 게 상당히 두렵지만 걱정하지는 말아라. 그 불안은 대부분 경험과 함께 사라지니까. 얼마 동안은, 적어도 자연스럽게 호흡을 할 수 있을 때까지는 신경을 억제하기 위해 노력을 집중해야 한단다(나도 처음에는 그러기 위해 고생했지. 결말도 좋지 않고 격에 맞지도 않았다. 네가 이런 경험을 하게 될지 모르겠지만 만약에 그렇게 된다면 내가 해줄 수 있는 말은 횟수를 거듭하면 편해진다는 것뿐이다).

　사회자의 모임이라는 연설 연습을 위한 모임에 참가하는 것도 좋은 방법일지도 모르겠구나. 이 모임에서는 실제로 몇 명 앞에서 말하는 연습을 하니, 훈련의 형식으로서는 가장 좋겠지. 이 경우 듣는 사람은 너의 동료 회원으로 전원이 너와 같은 이유로 모여 있단다. 연설 방법을 배우고 연습하여 실제 연설을 잘 하기 위해서 말이다. 이 모임에 열심히 참가한 사람으로 덕분에 공포심을 극복할 수 있었고 연단에 서도 결코 긴장하지 않았다고 하더구나.

  너 역시 다른 사람들과 똑같은 의문을 느낄 게다. 왜 사람들 앞에서 말을 하면 그렇게까지 긴장하는 것일까? 대부분의 사람이 이런 긴장을 경험하는 걸 보면, 우리가 모두 상당히 인간적임을 재확인시켜주기 위한 현상일 수도 있다. 하지만 이유는 무엇이든 각오는 해두어야만 한다. 어찌어찌 정신이 들어보면 너는 연단에 서 있고 코앞에는 마이크가 있다. 조명은 너만을 비추고 처음 만난 사람들이 네 말을 기다리고 있다. 그곳이 대부분의 사람에게는 익숙하지 않은 장소이기에 더욱 자극을 받는다. 하지만 해결책은 몇 가지 있다!

  다리가 떨리고 심장이 두근거리는 걸 억제하는 간단한 방법은 두 손으로 연단의 양끝을 꽉 붙잡는 것이다. 그것만으로도 놀라울 만큼 효과적으로 몸을 지탱할 수 있지. 다른 한 가지 비법은 청중이 모두 너의 이야기를 듣고 싶어하는 친구라고 생각하는 것이다. 그렇지 않더라도 그들이 너의 강연을 듣기 위해 일부러 그곳에 모인 것은 사실이니까. 그리고 강연 중에는 항상 한 번에 한 명에게만 시선을 집중하고 말하거라.

  하지만 이런저런 작은 기술보다도 확실한 옛 친구의 조언을 들려주마. 예습을 완벽하게 하고, 훌륭한 원고를 쓰고, 사람에게 들려줄 만한 가치 있는 내용이 담겨 있다는 확신을 갖고 연단에 선다면 너는 한두 번으로 거의 긴장하지 않게 될 게다. 그 뒤에는 단지 연단을 내려와 발끝이 간질간질할 정도로 기분 좋은 칭찬을 청중에게 받기만 하면 되지. 그것은 당연한 보수이다. 여기까지 오면 너는 강연을 하는 데 큰 장애를 극복했음을 알게 된다. 사람들이 너의 말을 듣고 싶어하고, 너의 의견이나 경험을 알고 싶어한다고 느낀다면 그 쾌감은 더욱 각별하겠지. 그것이 강연하는 사람의 최고의 목표일 게다!

강연을 잘 하는 사람은 결코 청중을 무시하는 듯한 화법은 쓰지 않는단다. 그 정반대의 화법을 택한다. 청중이 자기와 똑같은 세계에 살고 있다고 느낄 수 있도록 배려하고, 그들의 관심과 정성에 경의를 표한다. 게다가 처음 인사를 하는 몇 초 동안에 이 모든 것을 해치우면서도, 끝까지 청중의 마음을 사로잡고 놓치지 않는다.

청중 앞에 서면 자기가 그들의 마음을 사로잡고 있는지 어떤지 금세 느낄 수 있다. 어려울 것은 없다. 전원이 기침 한번 하지 않고 너에게 주목하고 있는가, 아니면 이쪽저쪽에서 기침을 하거나 자리에서 움찔움찔하거나 서로 귓속말을 하거나 팔락팔락 소리를 내며 서류를 들추고 있는가 살펴보면 된다.

천재의 두뇌가 아니더라도 청중이 흥미를 잃으면 느끼지 않을 수 없지. 만약에 강연이 이렇게 되면 너는 자기의 노력을 D라고 평가하고 실패의 원인을 분석해보아야 한다. 강연이 잘 되고 있다고 느꼈을 때처럼 기분 좋은 일은 없고 전혀 먹혀 들어가지 않았을 때처럼 비참한 일도 없단다.

이 두 가지를 나누는 기준은 무엇일까? 그 답은 너무나도 쉽다. 그것은 바로 네가 쏟아 부은 노력과 준비의 양이다(인생에서 가치 있는 모든 시도에 적용되는 귀중한 교훈이 되었으면 한다).

　강연을 잘 하는 사람은 말하면서 깨닫는 법을 알고 있는데, 그 최선의 방법 중 하나는 자기의 생각을 말한 후 질의 응답 시간을 갖는 것이다. 청중이 참가함으로써 강연자와 청중 양쪽의 마음이 활기를 띠게 되고 강연자는 자기의 견해에 대한 찬반 양론과 자기가 언급하지 않은, 혹은 충분히 이야기하지 않은 측면을 접하게 된다. 게다가 강연자와는 정반대의 생각을 가진 사람과 의견 교환이 시작되는 경우도 적지 않다. 혹시 강연자의 생각이 틀렸다는 것을 알게 되면 강연자는 물론, 대부분의 청중도 기대한 이상으로 배우게 되는 것이지. 당연하게도 이 세계의 모든 지식을 습득하고 있는 사람은 없기 때문이다. 입을 다물고 귀를 기울이는 것이 역시 사물을 배우는 가장 좋은 방법이라는 생각이 들기도 하는구나.

　학교를 졸업하자마자 공부를 그만두는 사람도 있지만, 무언가를 하고 싶은 사람, 혹은 이 세계에서 주어진 시간을 유효하게 써야겠다고 생각하는 사람은 죽는 그 날까지 학습을 이어나간다.

　떨어진 조끼의 단추는 어머니가 꿰매주었다. 처음 박수를 받는 순간 또 튀어 나가지 않도록 조심해라.

　　　　　- 너에게 박수를 보내는 청중의 한 사람으로부터

훌륭한 예의만한 공격은 없다

아들은 영업 사원 한 사람을 채용하기 위해 여러 응모자를 면접하면 서, 회사의 대표라는 자부심을 가지고 일할 수 있는 젊은이를 만나는 것이 얼마나 어려운지 알고 내심 놀라고 있다.

최근 우리 회사에서 근무할 영업사원을 구하려다가 갑자기 생각을 바꾸었다고 들었다. 지금까지의 응모자 중에서 조금이라도 호감이 가는 사람이 한 명도 없었다는 사실에 놀라고 있는 것 같구나. 나도 점수를 주는 데는 짠 편이어서 '바로 이 사람이다.'라고 생각하는 인물은 좀처럼 만날 수 없었다. 일상생활 속에서 타인에게 호감을 주는 인상에 대해 특별히 연구하는 사람이 적기 때문이란다. 어떤 이유에서든 여성에게 혹은 동료들에게 인기 있는 사람은 상당수 있지만, 그것이 상사나 상사가 될 사람에게까지 좋은 인상을 줄 수 있는가 하면 대부분은 그렇지 않다는 것이다.

자기에게 유리한 이미지를 만드는 이러한 능력에 대한 무관심은 이해할 수 없는 수수께끼란다. 4년에서 6년이나 걸려 업무 능력을 익히려는 의욕은 있는데, 어째서 1, 2주일 들여 복장, 예절, 화술의 원칙을 배우려고 하지 않는 것일까? 설사 정식 교육을 받지는 않더라도, 사회생활의 기본적인 규율을 익혀 취직과 승진에 도움을 얻으려고 하지 않는 것일까? 가장 위력적인 인간의 특징은 물론 지식이지만, 두 번째는 올바른 예절이다. 내가 보기에는 대부분의 사람이 사회에 뛰어들면서 이런 종류의 준비를 반도 하지 않는다. 올바른 예의는 승진에 기다란 영향을 미치는데도 불구하고 예의 바르게 행동해야 하거나 예의에 어긋난 행동을 고쳐야겠다고 신중하게 생각하는 사람은 좀처럼 없지. 위컴 후작 윌리엄(1324~1404)은 두 개의 재단, 옥스퍼드의 원체스터 칼리지와 뉴 칼리지를 설립했다. 그 대학들의 표어는 "예의 바른 사람을 육성한다."이다. 이 표어는 교육자에게도 해당될 게다. 지식과 품행은 동시에 향상되어야 하는 것이지만 유감스럽게도 양쪽을 함께 가르치는 교육자는 없다.

실제로 예의란 무엇인가? 간단하게 말하면 주위 사람들에 대한 배려의 마음이 아닐까. 우선 '감사합니다'라는 말이 있다. 이것은 아마도 세계에서 가장 널리 사용되는 올바른 예의일 게다. 거기에 하나 더 바람직한 '천만에 말씀입니다'가 자동적으로 이어진다. 그러나 겸손한 말 씀씀이는 때때로 일상의 어수선한 대화 속에서 행방불명된단다. 네가 하루에 '미안합니다'하고 말하는 횟수를 사원. 전화 교환원 또는 점원, 그 누구에게라도 부탁을 하는 횟수와 비교하여 헤아려보면, 지금보다 10배는 더 써도 된다는 생각이 들게다. 혹시 실제로 그렇다면 주의하기 바란다. 내가 관찰한 바로는 의뢰나 지시의 시작이나 마지막에 단지 '미안합니다만'이라든지 '부탁합니다'라는 말을 덧붙이는 것만으로 모두 놀랄 정도로 기분 좋게, 게다가 신속하게 일을 처리한단다.

올바른 예의는 너의 명령을 실행하는 부하 직원의 기분이나 능률에 대단히 큰 영향을 미친다. 부탁하면 모두 받을 수 있는 것을 요구하면 조금밖에 받을 수 없다. 비난 섞인 말투를 사용하면 그 양은 더욱 줄어들지. 여성을 위해서는 문을 열어주고, 남성을 위해서는 문을 잡아주며, 코트를 벗으려는 사람에게는 손을 빌려준다. 몇 백 번이든 이런 행동은 모두 마음 씀씀이의 표현으로, 사람은 그 행동에 호의적으로 반응하지 않을 수 없단다. 이것은 사회생활의 기본적인 규율로서 간단히 배울 수 있고 비용도 들지 않는다. 가끔은 업무, 승진, 계약, 고객, 친구 등이 걸려 있기도 하고.

또 예의에 어긋나게 사람의 대화를 가로막지 않도록 주의하거라. 이런 말버릇 때문에 많은 사람이 이미지를 망치곤 한다. 말하는 사람은 이러한 노골적인 치욕에 화를 내지. 이런 행동은 말하는 사람의 생각에 흥미가 없고 존중할 마음도 없다는 증거로, 그 생각이 별로 중요하지 않다고 여긴다는 뜻이 내포되어 있다. 이것은 대개 자기중심적인 사람, 듣기보다는 자기도 모르게 말하기에 열중하는 사람의 버릇인데, 이런 성격은 누구에게도 그다지 매력적으로 보이지 않고 호의를 얻을 수도 없다. 상대가 말하고 있을 때의 은근한 침묵은 금이란다.

침묵은 상대의 지성과 사고방식에 대해 경의를 표하는 방법이기 때문이다.

화제가 단 하나, '자신'에게 제한되어 있는 사람도 많지. 자기 자신에 대한 사소한 이야기를 이것저것 늘어놓는 것처럼 사람을 지루하게 만들고 듣는 사람에게 실례를 범하는 일은 없단다. 반대로 상대의 근황이나 가족에 대한 질문은 상대에 대한 관심과 배려를 나타낸다. 너무 개인적인 문제까지 꼬치꼬치 캐묻지 않도록 주의해야 하지만, 한 사람의 인간에 대한 순수한 관심의 표현과 친밀감이 담긴 질문은 호의적인 인상을 주는 가장 간단한 방법의 하나이다.

활발하고 흥미로운 대화를 쉽게 풀어나가는 예의 바른 이야기꾼이 되기 위해서는 약간의 배려가 필요하단다. 대화의 재료가 되는 화제는 세상 속에 넘쳐난다. 대화의 실마리는 따분한 날씨 이외에 적어도 1,000가지는 있을 게다.

"이곳에서 자랐습니까?"

"어디 사십니까?"

"이 거리에는 재미있는 게 좀 있습니까?"

"그 고장 축구팀은 올해 활약상이 어떻습니까?"

"어디서 근무하고 계십니까?"

첫인상은 어느 시대건 대단히 중요하게 여겨졌단다. 직업을 구할 때는 특히 그러하지. 첫인상만으로 사람을 판단하는 경우도 있으므로 그 기회를 충분히 살릴 수 있도록 하여라. 사람을 처음 만났을 때 나는 세 가지 습관을 보고 특별히 좋은 인상을 받거나 완전히 흥미를 잃곤 한다. 첫째로 가장 중요한 것은 악수가 강한가 약한가이다. 두 번째는 말을 하고 들을 때 나의 눈을 보고 있는가 아니면 비서실을 보고 있는가이다. 세 번째는 자세의 옳고 바름이다.

필립 왕은 2천 명의 군중 속에서 대화를 나누어도, 상대에게는 그곳에 자기와 상대 둘뿐인 듯한 느낌을 줄 수 있었다고 하는구나. 사업에 성공하고 싶어하는 젊은이는 이러한 화술을 익혀두는 게 좋을 게다. 지적인 질문을 던지고, 상대의 대답에 귀를 기울여 그 내용에 반응을 보이며, 말을 주고받다가 적절한 시점이 되면 상대에게 마음을 터놓는다. 대학을 졸업한 사람이라면 이 화술의 달인에 가까운 특수한 능력을 익혀 자신의 장점을 하나 더 늘릴 수 있다고 생각한다. 알프레드 테니슨 경은 "위대한 인물일수록 예의를 알고 있다." 고 말했다. 나는 그럴 마음이 있는 현명한 사람이라면 누구든 테니슨 경이 말한 예의라는 것을 익힐 수 있다는 점을 강조하고 싶구나.

젊은 관리 직원은(혹은 누구라도) 어떻게 하면 좀 더 좋은 이미지를 남길 수 있을까? 말이 길어지지만 복장에 대해서 한두 마디 덧붙이고 싶다. 세상에는 에스키모의 복장에서 아프리카의 민족의상까지 온갖 종류의 의복이 난무한다. 그리고 네가 이 사회에서 무엇을 입든 선택의 자유는 분명히 있다(너는 토요일 아침 나의 깔끔하지 못한 모습을 보고 이 점을 강조하겠지). 하지만 면접을 받을 때, 회사에서 고객 혹은 네 부하직원과 함께 일을 할 때, 구매처 사람과 이야기를 나눌 때는 오늘날의 사업가에게 어울리는 복장을 정해주는 불문율이 있단다. 그 일반 법칙은 자기의 기호가 아니라, 네가 만날 사람의 기호에 맞는, 혹은 맞는다고 생각되는 복장을 하는 것이다.

다정치 못한 머리카락, 덥수룩한 수염, 구깃구깃한 바지, 지저분한 구두는 사람들의 기분을 상하게 하는 몸차림 또는 실수의 몇 가지 예란다. 혹시 네가 창고에서 일한다면 물론 구두를 닦을 필요가 없지만, 상사의 눈에 띄는 곳에서 일하며 근무 평가에서 더욱 점수를 따고 싶다면 신경을 써야 할 것이다. 복장이 사람을 좌우하지는 않는다. 그렇지만 분명히 복장은 너를 대신해서 간혹 힘을 발휘하지. 예를 들면 다음의 광경을 머리에 떠올려보아라. 네가 어떤 집에 저녁 식사 초대를 받았다고 하자. 부인은 하루 종일 특별한 준비를 한다. 은그릇과 크리스털 유리잔을 늘어놓고 정성껏 식탁을 차린다. 남편도 부인도 최고로 멋을 부리고 너를 현관에서 맞이한다. 하지만 너는 더러운 청바지에 축 처진 T셔츠를 입고 있다.

부인은 실망하겠지. 하루 종일 고생한 것을 생각한다면 바보 취급 당한 기분이 들지도 모른다. 다른 사람 집에 저녁 식사를 초대받으면 '평상복으로'라는 요청을 듣지 않는 한, 적어도 양복을 입고 가도록 해라(가능하다면 양복을 입고 넥타이를 매는 것이 좋겠지). 그것이 가장 무난하다(너무 멋을 부렸다고 생각하면 양복 상의와 넥타이는 언제라도 벗을 수 있으니까). 게다가 어떤 의미에서는 그런 차림이 부인에 대한 예의가 된다. 복장을 통해서 그들의 초대와 그들의 노력에 감사하는 마음을 전할 수 있기 때문이다. 사람들은 겉에서 보기에 말끔하고, 복장이 훌륭하고, 옷차림이 단정한 사람과 교제하기를 좋아한다. 자신의 스타일이나, 색, 취미 또는 기호가 상대만큼 세련되지 않아도 마음에 걸리지 않는 듯하다. 여유가 있다면 주말 모임의 친구들이 입을 모아 찬양하는 유행 재킷이 아니라, 바느질이 잘 된 고급 양복을 입는 것이 너 자신에게 현명한 투자가 될 게다.

다른 사람의 집을 방문하여 혹시 저녁 식사를 한다면, 자리에 앉아 반드시 냅킨을 무릎 위에 펼치고, 나란히 앞에 놓여 있는 17개의 은제 식기의 사용 순서를 미리 생각해두거라. 나처럼 나이 먹은 사람들은 테이블 예절에 좀 까다로운 편이어서, 회사 중역이 사장에게 저녁 식사 초대를 받고 샐러드용, 디너용, 물고기용 포크의 차이, 수프용과 디저트용 스푼의 차이를 알지 못해 승진이 좌절되는 일이 종종 일어난단다.

혹시 상사가 어떤 관리 책임자를 몇 명의 후보 중에서 택하려 한다면, 최종 결정을 내리기 전에 아마도 그 사람들과 식사를 할 것이다. 테이블 예절은 업무 면에서도 중요하니까. 어느 회사의 사장에게 들은 이야기로는, 우열을 가리기 힘든 두 사람의 사원 중에 한 명을 승진시킬 때 저녁 식사에서 최종적인 결정을 했다고 하는구나. 이것은 희비극이라고 할 수 있을 것이다. 사장은 두 젊은이를 고급 레스토랑에 초대했다. 기회를 놓친 젊은이는 웨이터에게 주문을 할 때 단지 '처음부터' 시작하지 않았을 뿐이었다. 우선 주요리를 주문하기는 했지만 다른 코스를 정하지 못했다. 논리적 사고를 하는 사장은, 요리는 보통 메뉴에 쓰여 있는 순서, 제공되는 순서에 따라 주문해야 한다고 생각했지. 그런데 그 젊은이는 처음부터 갑자기 중간 정도의 요리를 주문해놓고서, 그 다음에는 건성으로 대답하면서 이것저것 뒤적이다가 웨이터가 곤란해 하면서도 정리해주기를 기대했단다. 하지만 사장은 머리속의 정리가 잘 안 되기 때문에 그런 모습을 보인다고 생각했다. 이 이야기의 교훈은 무엇인가? 혹시 주 요리밖에 필요 없다면 처음부터 그렇게 말해야 했다. 그랬다면 웨이터의 일도 쉬워졌을 테고, 그도 승진할 수 있었을지 모른다.

하나의 지위를 두고 경쟁하는 두 사람의 후보자가 직업적인 자질 면에서 면접자의 눈에 동격으로 비춰졌을 때, 저울의 바늘을 승리 쪽으로 기울게 하는 것은 훌륭한 예절, 적절한 복장, 단정한 몸가짐, 대화의 자신감을 통해 나타나는 여유란다.

이런 것들이 없다면 같은 분야에서 같은 성적과 같은 경험을 가진 이공계 출신의 두 사람 중 누구를 선택할 수 있을까?

당면한 우리의 문제를 살펴보자. 너는 영업 사원을 계속 찾기 바란다. 너와 나 그리고 우리 회사를 대표하는 사람이니만큼 사원으로서, 그리고 우리의 동료로서 자부심을 가지고 소개할 수 있는 인물이었으면 한다. 앞에서 말한 자질을 모두 갖추고 있는 사람도 있겠지만 유감스럽게도 그 수는 적다. 수요가 많아서 발견되는 순간 누군가 낚아채버리기 때문이지. 그러나 우리가 찾는 인물은 만나면 반드시 알 수 있다. 어떤 사람 중에서도 탁월하기 때문이다. 매일 많은 영업 사원의 방문을 받는 거래처를 두세 군데 가보는 것도 좋겠지. 그곳에서 우리가 찾는, 몸가짐이 단정하고 품행이 바른 영업 사원을 발견할지도 모른다.

에드워드 루카스(1868~1938)는 예전에 "훌륭한 예의만한 방어는 없다."고 말했다. 흥미로운 생각이다. 그러나 나라면 맹렬하게 전진하는 젊은 사업가를 위해서 한 단어를 스포츠 용어로 바꾸고 싶다. "훌륭한 예의만한 공격은 없다."라고.

     – 에밀리 포스트(미국의 유명한 에티켓 어드바이저)로부터

은행 융자 얻기

아들은 어떤 회사를 인수하기 위해 대출을 신청했으나, 거절당하고 몹시 실망하고 있다. 아들은 은행과 교섭하면서 무슨 실수를 한 것일까? 아버지는 그것을 알고 싶어 한다.

은행에서 자금을 빌리려던 너의 노력이 결실을 맺지 못했다는 이야기를 들었다. 네가 은행 융자를 부탁할 때 왜 나의 경험을 말해주지 않았는지 이해할 수 없었는지도 모르겠구나. 사실은 나름대로의 이유가 있었다.

내가 이 융자 신청 건을 완전히 너에게 맡긴 것은, 너도 상당히 이세계에서 경험을 쌓았으니 이제는 금융에 대해서도 배울 때라고 생각했기 때문이다.

많은 사업가들이 평상시에는 은행의 고마움을 잊고 있다가 융자를 거절당하거나 철회당하면, 그때서야 은행의 존재를 실감하지. 사업의 기본 요소인 은행의 중요성을 과소평가한다는 것은 매우 이상한 일이다. 사업에는 공장, 설비, 재고, 사원, 고객 그리고 은행이 필요하다는 사실을 내가 언제부터 알게 되었는지 기억하고 있지는 않지만, 아마도 사업을 일으키기 이전일 게다. 나는 무(0)에서 시작했기 때문이다. 너는 우리와 은행의 거래 관계가 확립된 이후에 입사했으므로 그런 경험을 할 기회를 놓치고 말았다(우리는 적어도 지금까지는 은행과 긴밀한 관계를 유지하고 있다).

혹시 네가 회사의 인수에만 열중하여 은행의 중요성을 과소 평가한 것은 아닌지 자문해보아라.

너도 알다시피 우리는 지금까지 은행에서 융자를 거절당한 적이 한 번도 없었다. 혹시 너는 이 과거의 실적에 너무 자만하여 이번에도 거의 자동적으로 승인을 받을 수 있을 거라고 기대했는지도 모른다.

융자를 거절당했을 때 네가 보인 첫 반응은 한 방 얻어맞은 사람 같았겠지. "이 바보 자식들! 놈들은 자기가 하는 일이 뭔지도 모르고 있어! 뭔가 잘못됐어!"

네가 어떻게 생각하든, 은행가도 인간이므로 실수를 범하기도 한다. 하지만 너의 신청서를 다시 읽고, 네가 제시한 액수의 돈을 빌리고 싶은 이유를 생각해보면 그들이 실수를 범했다고 말할 수는 없구나.

은행가는 맑은 날에는 우산을 빌려주지만 비가 내리기 시작한 순간 거두어 간다는 사람도 있다. 그런 견해도 일리는 있지만 은행가에게는 다른 측면이 있단다. 은행가는 모두가 갖고 싶어 하는 것을 팔고 있다. 따라서 은행가는 대부한 돈을 회수할 수 없게 되는 경우를 피하기 위해 고객을 주의 깊게 선택하고 체로 걸러야만 하지. 은행의 자금은 누구나 쉽게 빌릴 수 있는 것이 아니라 반드시 무언가 조건을 충족시켜야 한다(그렇게 하면 의자에 앉아서도 주머니까지 뒤져서 빌려준 자금을 회수해갈 수 있기 때문이라는 사람도 있다).

너의 신청서로 판단해보면, 너는 이 회사를 인수하는 것이 우리 회사에 상당히 유리하다고 확신하고 있는 모양이더구나.

혹시 너무 자신만만하여 은행에 제출하는 보고서 다듬기가 부족했던 것은 아닐까?

은행이 호의적으로 검토해주기를 바란다면 은행에 제출하는 서류를 작성할 때 "놈들이 우쭐대는 꼴은 절대 볼 수 없어!"라는 각오를 하고 덤벼들어야 한다. 그러한 작업을 시간낭비로 여길 수도 있지만, 은행은 그것을 당연시하고 있다. 너도 은행이 친절한 마음에서 사업 계획을 재검토하라고 요구한다는 사실을 알게 될 게다. 다시 한 번 네가 인수하려고 계획한 회사에 대해 검토하면서 자금을 얼마나 차입해야 하는지를 깊이 생각해보면 회사를 확대하고 싶다는 당초의 열의는 다 식겠지. 그래서 네가 제정신으로 돌아오면 계획을 좀 더 냉정하고 객관적으로 분석할 수 있을 것이다. 만약 그렇게 하지 않고 그 회사를 인수하여 큰 실수를 범하면, 우리는 현재의 순조로운 사업에서 얻고 있는 이익을 잃을 뿐만 아니라, 우리가 이 새로운 사업에 착수한 순간부터 필요해질 두통약 값도 남지 않을 것이다.

일을 서두르면 실패하기 쉽다. 또한 회사의 인수에 흥미가 끌리는 것은 귀여운 아가씨에게 끌리는 것과 비슷하다. 머리카락, 다리, 얼굴 생김새가 마음에 들어도 사고방식이 엉망이라면 과연 언제까지 그 아가씨에게 매력을 느낄 수 있을까?

회사에 대해서도 같다고 말할 수 있다. 처음엔 눈에 띄지 않겠지만 명백해지는 사항들을 고려해야 한다. "눈에 뛴다고 반드시 사야만 하는 것은 아니다." 라는 말을 잊지 마라!

거래 은행의 지점장은 네가 인수하려는 회사를 조사한 결과 네가 은행의 돈으로 구입하려는 채권에 불만을 느꼈다. 내가 가진 경주마와 같이 늙고 느린데다가 재고도 실망스러운 점이 많았다. 회전율이 묘지의 시체처럼 나빴다.

너의 보고서를 읽고, 은행가가 불면증에 시달리게 될지도 모르는 문제점을 하나 더 지적하자면, 너의 계획에 의하면 인수 가격 중에 네가 충당하는 자기 자금의 비율이 제한되어 있다는 것이다. 은행가가 푹 잘 수 있으려면 이 공동 사업에 투여되는 첫 20에서 30퍼센트의 위험 자본을 네가 부담해주어야 한다. 그것이 사라질 때까지는 자기의 자금이 시궁창에 흘러가는 일을 걱정할 필요가 없기 때문이다. 분명히 자기 자금 을 위험에 노출시키지 않는다면 너로서는 마음이 편할 것이 다. 네가 수면을 방해받는 일은 없겠지. 하지만 너와 그다지 친하지 않은 은행가로서는 별로 마음이 내키지 않을 게다.

아들이 아버지와 완전히 똑같이 생각하고 행동하는 일은 좀처럼 없단다. 따라서 너는 나름대로 자기의 능력과 인품으로, 특히 네 스스로의 자금력과 시간을 투자하여 은행과 긴밀한 관계를 쌓아 나가야만 한다. 나는 내 밭을 경작해왔다. 너도 슬슬 너의 밭을 경작할 시기가 아니더냐.

우선 거래 은행의 지점장을 점심 식사에 초대하는 것이 좋을 게다. 내가 알기로 너는 아직 그렇게 해본 적이 없다. 차가운 분위기에서 딱딱한 책상을 사이에 두고 마주 앉아 이야기하는 것보다도 즐거운 점심 식사를 하면서 이야기하는 것이 어제서인지 훨씬 편하다. 상대가 은행가라면 특히 그렇지, 그러나 한 가지 미리 말해두지만 너는 한 손을 뒤로 묶고 출발하는 것이다. 이 시점에서 은행가는 점심 식사에는 감사하겠지만 네가 부탁하려는 것이 무엇인지 모를 리 없기 때문이다. 혹시 네가 1년에 한두 번 그와 점심 식사를 함께 하고, 융자를 부탁하기 전에 사업 계획이 진행되는 상황을 보고했다면 더욱 대화를 나누기 쉬웠겠지. 하지만 걱정하지는 말아라. 이 훌륭한 사전 준비로 이득을 얻을 것은 없지만 상대는 이해해줄 게다. 그의 자금을 두고 너와 경쟁하는 사람들 가운데 98퍼센트가 대개 똑같은 행동을 하기 때문이다.

디저트를 먹을 때쯤이 되면 너는 인수 가격의 몇 할은 당연히 자신이 부담해야만 한다고 생각하고 있으며, 그럴 작정이라고 명확하게 말하는 것이 좋다. 그렇게 하면 은행가는 빈틈없는 너의 설명을 들어주고, 무심결에 너의 계획을 단념하라고 말해줄 수도 있다. 모든 것은 최근의 비슷한 거래에서 그가 잠들지 못한 밤이 몇 번이었는가에 달려 있단다. 따라서 시기가 문제인데, 은행가에게 융자를 부탁하는 데 적절한 시기와 그렇지 않은 시기가 있다. 가끔은 은행의 차장과 점심 식사를 함께 하고 친분을 쌓아두는 것이 좋다. 그는 상사의 업무량이나 예정을 자세히 알고 있으므로, 지점장의 점심 식사 초대 시기는 언제가 최적인가 조언을 구하는 데 가장 적합한 사람이다. 은행의 내부에 동요가 있다면 차장은 사태가 다소 진정될 때까지 기다리라고 조언하겠지. 이렇게 1~2주일 늦춘 것만으로도 운 좋게 계획이 성공을 거두기도 한다. 그것도 준비의 철저함이 살아나는 예이다.

무엇보다도 은행가는 너에게 커다란 은혜를 무료로 베풀고 있다는 것을 잊지 말아라! 그가 너의 계획을 심사하고 거절했다면 아마도 너의 커다란 실수를 막아준 것일 게다. 그런 계획의 심사는 그에게는 일상의 일이지만, 너나 나에게는 기껏해야 1년에 한 번밖에 없는 일이지. 투기적인 사업에 융자를 받을 수 없어서 실망하더라도 엄청난 고생의 씨앗을 사들여 나중에 후회하거나 걱정하는 것에 비교하면 아무것도 아니란다. 그러므로 너의 계획에 관한 은행가의 염려에는 귀를 기울이도록 하여라. 그리고 다시 시도해보는 것이 좋다.

– 너와 절친한 은행가로부터

P.S.

네가 인수하려고 하는 회사의 소유자와도 만나 불량 채권이나 과잉 재고에 대해서 이야기를 나눠보는 것이 좋다. 그러면 상당한 가격 변경을 기대할 수 있을 것이다. 특허권은 상대의 손에 남기고 우리는 6개월 동안에 회전할 수 있는 재고만을 사들이는 조건을 내보는 것이 좋겠지.

정부 검사관을 대하는 법

정부 당국에 의해 공장 검사를 받고서 아들은 흔들리고 있다. 검사관
의 의견에 반론을 제기할 근거는 충분하다고 생각하는데 사태를 악
화시킬까봐 걱정되어 삼가고 있다. 아버지는 그 문제에 대하여 자신
의 경험에서 나온 두세 가지 원칙을 들려준다.

최근의 공장 검사로 느낀 염려와 네가 취한 태도는 법을 지키려는
바람직한 성향을 잘 나타내고 있다. 나도 법을 준수해야 한다고 생
각하지만, 경험에 의하면 법률 조문과 그 해석은 별개란다. 너는 검
사관에게 항변하여 우리의 입장을 똑바로 말했지만 상대는 생각을
바꾸려고 하지 않았다. 네 설명은 훌륭했고 근거도 분명했기에, 나
도 검사관의 관찰과 판단에 일부 오류가 있다고 생각한다.

그렇다면 우리는 무엇을 해야 할까? 먼저 실태를 한 번 더 조사하
여 파악하고, 우리 생각이 틀리지 않았다는 것을 재확인해야 한다.

우리에게는 상당히 명확한 반론의 근거가 있으므로, 흔들리지 않는다면 다음에 취해야 할 행동은 검사관의판정에 불복하고 감독자에게 호소하는 것이다.

당연히 그런 행동을 취하려니 불안하겠지. 혹시라도 검사관의 반감을 사서 그의 태도가 점점 경직되지 않을까 걱정이 될 것이다. 하지만 나는 연방 정부든 지방 정부든 공무원들은 기본적으로 정직하고, 악의를 품지도 않고, 일부러 성가신 일거리를 찾지도 않는다는 것을 알고 있단다. 대단히 많은 사업가가 자기의 반론을 행정기구의 상부에 호소하기 위해 재정 신청을 하지 않는다는 사실이 놀라울 뿐이다. 대부분의 조직에서 그렇듯이 조직의 위쪽으로 갈수록 지성과 양식을 만날 수 있다. 그런데도 대개의 경영자는 대립을 피하고 싶어 검사관의 해석을 절대적인 진실로 받아들이지. 하지만 실제로는 그렇지 않다는 것을 내 개인적인 경험이 입증해준단다.

내가 얻은 최대의 승리는 포장 재료에 세금을 부과하려고 한 마케팅 담당 세무회계 감사관과의 경험에서 얻은 것이다.

그의 판정에 의하면 우리는 체납분 10만 달러와 이후 연간 7만5천 달러의 세금을 내야 했다. 그에 대해서 우리는 두 가지 측면에서 반격에 나섰지. 우선 규칙대로 불복 신청 수속을 밝힘과 동시에 지역구 국회의원을 방문하여 우리에게 내던져진 바보 같은 결정과 그에 따라 우리가 받을 손실에 대해 호소했다 사태는 정치적으로 전개되었다. 게다가 이 지역구 의원은(여당 소속이기도 했고) 정부 내에서도 상당한 중진 의원이었으므로 그 정치적인 압력은 예상 외로 컸단다. 뒤이어 우리는 캐나다에서 제일이라 불리는 회계 사무소에 의뢰하여 예비 조사를 했고, 그 결과 반론의 근거가 충분하다고 입증되자

1만 달러를 들여 소송 준비에 들어갔지. 그 기초가 된 것이 과거 50년간의 비슷한 공소 사건에서 정해진 법적 판례였다.

이렇게 정부는 둘 사이에 끼어 꼼짝달싹도 못하는 상황이 되었다. 한 편에는 선거에서 선출된 의원과 법률가가, 다른 한편에는 국세청 직원이 있었다. 결과는 사소한 이유에 의한 1,603달러의 과세였다. 체납분 10만 달러, 앞으로 연간 7만5천 달러라는 판정에 비하면 거짓말 같았지!

일반적인 통념과는 달리 정부는 상식이 통하는 면이 있다. 실제로는 정치가의 노력만으로도 우리의 주장이 통했으므로 법률가까지 끌어댈 필요는 없었다. 그렇지만 정부가 그러한 행동을 취한 것은 우리가 법정까지 끌고 갈 각오로 소송을 준비하고 있다는 사실을 알았기 때문인지, 아니면 단지 검사관의 규정 해석에 실수가 있었기 때문인지는 알 수가 없구나.

우리가 소송을 준비하면서 소비한 1만 달러는 손실이라고 할 수 있겠지. 하지만 어떤 것이 승리를 놓치는 원인이 될지 모르니 성공을 향해 돌진할 때는 가능한 모든 수단을 활용해야 한다(꿩을 사냥할 때 22구경의 라이플이 아니라 산탄총을 사용하는 것처럼, 공격 범위를 넓히면 상대는 방어하기가 상당히 어려워진다).

이 이외에도 "어느 정도는 이기고, 어느 정도는 졌다."는 식의 경험을 몇 번인가 했단다. 소득세, 판매세, 식품과 약물 검사관, 동물 검사관, 그리고 생각해낼 수 없는 것도 두세 가지 있구나. 내 경험으로 말할 수 있는 것처럼, 네가 강한 인내심으로 사태를 자세히 분석하고 그 결과 자신이 올바르다고 판단한다면 관료 기구의 상충까지 계속 호소하거라. 그렇게 하면 너는 이길 수 있다.

누군가가 너의 행동에 대해서 보복하지는 않을까 걱정할 필요는 없다. 혹시 어떤 검사관이 너에게 '심술부리고 있다.'고 느껴진다면, 그 감독자에게 전화하여 다른 검사관을 보내 달라고 하거라. 네 의뢰에 근거기가 있다면 대개의 감독자는 그 요구를 받아줄 것이다. 미리 말해두지만 나는 그런 수단을 취할 필요에 쫓긴 적은 없었다. 대부분의 경우 정부 당국은 매번 다른 검사관을 보내주기 때문이다.

너는 공무원을 상대로 한 이 분야에서도 역량을 보여주어야 하다. 그러기 위해서는 지금이라도 그 작업에 달려들도록 해라! 너는 반드시 이기리라 생각한다. 그리고 이번에 네가 이기면 대학 시절에 쿼터백으로 승리를 거둔 미식 축구시합보다도 더 큰 자신감을 얻는 경험이 될 것이다. 정의는 힘이 되지만 싸우지 않는 사람에게 승리는 없다.

프란시스 베이컨은 "귀찮은 것은 공포심뿐이다."라고 말했다. 정부를 두려워하면서 일생을 보내서는 안 된다. 정부는 우리 사업을 도와주기 위해 있는 것이고 실제로 도와줄 것이다.

우리 국민이 선출하여 임명한 사람들이 아닌가. 실수는 인정해야 하지만 자신이 올바르다는 확신이 있다면 끝까지 너의 생각을 주장하도록 하여라.

– 한 치의 양보도 없는 워드로부터

다각화 경영은 필요한가

아들은 다각화 경영의 논리적 근거를 묻는다. 회사를 네 개 혹은 다섯 개의 분야로 넓히는 것보다 하나의 분야에 전력을 다해야 힘 있는 기업이 되지 않을까? 다각화에 따라 인사 문제, 자금 융통, 관리뿐만 아니라 그 외의 문제도 네다섯 배로 배가되지는 않을까? 여러 물음에 아버지가 해답을 주려 한다.

며칠 전, 우리의 기업 활동 범위에 관한 너의 의견은 매우 흥미로 웠다. 나는 사업계에 들어온 이래 힘이 닿는 한 재무적 측면의 안정을 확보하려고 항상 노력해 왔단다. 경영의 다각화를 기본 방침으로 하는 것도 그 때문이지. 그런데 너는 지금 나와 똑같이 안전성을 고려하여 우리의 모든 에너지를 하나의 분야로 집중하는 편이 좋은 결과를 얻을 수 있지 않은가 묻고 있구나.

그러한 너의 생각을 지지하는 사람이 많을 것이다. 사실 그쪽이 분명 성장하기도 쉽다. 하지만 이 문제에 대한 나의 생각을 들어보아라.

내 경영 철학의 기초는 항상 "모든 달걀을 한 바구니에 담지 말라."인데, 그래서 우리의 사업과 관련 있는 기업에 투자할 기회가 올 때마다 나는 바로 두 가지 점을 생각했다.

첫 번째는 그 새로운 사업을 시작하기 위한 자금의 뒷받침은 충분한가? 두 번째는 경영을 위해 필요한, 경험 많고 유능한 인재를 확보할 수 있는가? 하는 점이다(후자는 사람을 중심으로 회사가 설립되어야지, 회사를 중심으로 사람을 모아서는 안 된다는 원리이다). 그러니까 나는 이 두 가지 질문에 긍정적인 답을 얻었을 때에만 판매, 유통, 경쟁 그 외의 통상적인 문제를 고려했다.

새로운 사업이 우리가 이미 준비하고 있는 사업과 관련 있다면, 나는 그것을 큰 도박이라고 느끼지 않았다. 세로 확장이든 가로 확장이든 상관이 없었지. 그보다 기본 원리는 언제나(헨리 데이비드 소로의 말을 빌리면) "새 옷을 입을 때는 주의를 기울여라."는 것이었다.

그런 내가 다각화에 끌린 이유는 두 가지이다. 우선 예전의 가난을 다시는 경험하지 않겠다는 자연스러운 자기 방어 본능이며, 하나의 사업에 실패할 경우를 대비하여 제2의 사업을 소유하는 것이 합리적이라는 생각이 들었던 것이지. 또한 나는 사업의 성장(특히 이 업계에서는)에 상당한 시간이 소요된다는 것을 알았단다. 그리고 하나의 회사를 경영하면서 자신의 능력을 십분 발휘할 수 있는 시간은 하루 두세 시간으로 내가 바라는 10시간은커녕 8시간도 되지 않았지. 그래서 반복으로 끝나는 내 일의 대부분을 유능한 인재를 고용하여 처리하게 하고, 나는 다른 사업에 나선 것이다.

지금까지의 경험에 의하면 승리의 여신은 이 회사에서 저 회사로 항상 옮겨 다니는 성격을 가진 것 같구나. 몇 개의 회사를 경영하다 보면 1년에 적어도 하나에서는 승리를 얻을 수 있지 않을까 기대했는데, 지금까지는 기대대로 되었다. 그 승리가 컸기에 다른 회사의 작은 손실이나 좀처럼 신장되지 않는 이익을 보충해도 다소 여유를 가질 수 있었다.

그런 한편 여러 회사를 소유하는 사람이 경계해야 할 점의 하나는 이른바 '자만심'에 빠지는 것이란다. 그러한 자만심에 빠지면 흔히 그렇듯 자기가 비즈니스 세계의 아인슈타인이라도 된 것처럼 어떤 사업이라도 성공시키고 성장시킬 수 있다고 생각한다. 하지만 경험에 비추어 한 가지는 단언할 수 있다. 즉 사업가가 배워야 하는 경영의 첫 번째 기본 원칙은 한 종류의 사업에서 성공했다고 해서 자동적으로 다른 사업에서도 성공하는 게 아니라는 것이다.

두 번째 원칙은 언제라도 경비를 절약하면서 동시에 활로를 마련해두라는 것이다. 실제로 나는 사업의 손실에 대해 깊은 혐오감을 느꼈고, 그래서 겁쟁이라는 말을 들을지도 모르지만 회사가 큰 손실을 내기 시작하면 바로 모든 경비를 절감했다. 이 작업은 무척 단순한데, 손익 계산서의 제일 위에 있는 항목부터 시작해 가능한 모든 경비를 삭감하거나, 혹은 삭제하는 것이지. 그것으로 통상적인 경영규모는 축소되지만 재편성에 의해 군살을 빼면 경쟁력이 붙어 다시 시작할 수 있다. 그러나 이마저 바랄 수 없는 경우에는 회사가 너까지 함께 끌고 넘어지기 전에 매각하든지 폐쇄하여라.

회사를 성장시킬 때는 무엇보다 자금이나 인적 자원에 무리가 가지 않도록 주의를 기울여야 한다. 실제로 우수한 기업을 여러 개 소유한 기업주가 성장을 서두른 나머지(혹은 너무 욕심을 부려서?) 주의를 게을리하여 붕괴하는 일도 빈번하단다. 어쨌든 이 세상에 내세울 가치가 있는 것에는 튼튼한 토대가 필요하고 회사의 성장도 예외는 아니다. 그런 의미에서 다시 한 번 반복해보자.

뛰기 전에 앞을 보라!
뿌린 씨앗은 스스로 거둬들여라!

다시 너의 질문 "하나의 회사만을 경영하면서 그 성장을 위해 전력을 쏟는 편이 더 좋은 결과를 가져오지 않을까?"로 돌아오면, 하나의 회사에서 내가 사용할 수 있는 시간 모두를 그 성장과 관리를 위해 필요로 하는 경우에 한해 동의한다. 그렇지 않은 경우에는 다른 사업을 시도해볼 시간이 있다. 더군다나 그렇게 하면 틀에 박힌 일상 잡무의 따분함과 단조로움을 잊을 수 있지. 당연한 말이지만 조심스러운 자금계획 또한 우리의 자금력에 무리가 되지 않도록 하기 위한 필요조건이란다.

사업은 대단히 무너지기 쉽다. 미국의 자동차업계에서 볼 수 있는 것처럼 거대 기업조차 때로는 도산의 위기에 처한다는 사실을 생각하면, 우리 같은 작은 기업이 이익을 올리려 하는 무모함에는 놀랄 수밖에 없지. 물론 그 대소를 불문하고 어떤 사업도 영원히 지속되지는 않는다. 항상 변화를 요구하는데다, 사람의 예측이나 관리의 대부분이 미치지 않는 수요와 공급의 법칙에 보조를 맞추려면 간혹 경영자의 영적 능력이라고 말할 수 있는 것이 필요한데, 그것을 갖춘 사람은 극히 소수란다.

그러므로 다각화는 자기가 기반을 두고 있는 업계에서의 일탈을 말하는 게 아니다. 오히려 다른 회사나 주된 원료 공급업자를 매수하여 주요한 제품 계열에 부가시키는 것을 의미한 다. 우리가 컴퓨터, 액자, 가구, 자동차용품, 소매업 등에 뛰어드는 일과는 다르다. 그곳은 우리와 전혀 다른 밭으로, 거기에 뛰어든다는 것은 경솔하고 무모한 짓이며, 머지않아 무덤으로 갈 것이 뻔하다.

한편 다각화를 도모하면서 나는 또 하나 중요한 원칙을 지켜왔다. 회사를 사는 것이 아니라 그 회사의 경영 방법을 알고 있는 유능한 인재를 산다는 것이지. 사실 서푼 값어치도 없는 경영진이 자기의 회사를 경영한다는 사실을 알게 되었을 때처럼 불안한 적도 없단다. 예전에 나는 어떤 회사에서 3년 동안 세 명의 전무를 임명하여 재건을 꾀한 적도 있다. 사람 고르는 재주의 서투름에 스스로 실망하여 미칠 듯화가 났고, 좌절해서 그 망할 회사를 팔아치울 참이었다. 나의 마지막 시도는(최초의 시도였으면 좋았을 것을), 이 회사에서 오랫동안 일해 온 어떤 사원에게 맡겨야 본전이라는 생각으로 기회를 준 것이었다. 처음에는 모두가 그의 밑에서 일할 생각이 없다고 했지만 그럼에도 나는 그에게 일을 맡겼단다. 결과적으로 그것은 좋은 결정이었다. 더구나 덤까지 붙어왔는데, 사원의 이직률이 실제로 3퍼센트까지 내려갔지.

앤드류 카네기도 이 실증된 공리에 대해 자주 말하고 있다.

즉 "3세대가 작업복에서 작업복으로"이다. 나는 단지 한 세대동안 작업복으로 돌아가지 않기 위해 방향을 잡으려 했을 뿐이다. 그러니 너도 내가 사업에서 은퇴하면 카네기의 잘못을 증명하기 위해서 운을 시험해보았으면 좋겠다. 그러기까지 내가 항로를 정할 테니 너는 배를 몰아라.

－ 워드 선장으로부터

타인의 경험에서 배워라

독서를 통해서 경영의 기법을 연마하려는 아들에게 아버지는 몇 권의 책을 소개한다.

네가 비행기 조종을 배우고 있을 무렵 "타인의 실수에서 배워라. 스스로 모든 실수를 경험하기에는 시간이 부족하다."는 말을 들은 기억이 있을 게다. 어떤 의미에서는 책도 그와 같다고 할 수 있단다. 그러므로 네가 타인의 경험을 통해서 무언가를 배우려 한다면, 각종 사태의 대처 방법에 대해서 경험자가 기록한 책을 읽는 것이 좋다.

사실 원자폭탄의 투하, 인간의 달 착륙, 컴퓨터의 발달이란 과학적인 진보를 제외하면 세상에는 신선한 것이 그리 많지 않다. 특히 사업 경영에 관한 의사 결정의 대부분은 계속되풀이 되는 것이어서 대개는 책의 어딘가에 기록되어 있다. 그런만큼 네가 시간과 인내력을 독서에 기울인다면 독서를 하지 않은 비슷한 나이의 다른 사람들에 비해서 상당히 유리한 지점에 서게 될 것이다.

이 세상에 새로운 것이 그다지 많지 않고 사람의 일생에도 반복적인 면이 많다는 내 생각을 뒷받침하는 가장 좋은 책은 『버틀렛의 상용 인용구집』이다. 이 책은 성서에 기록된 인생에 대한 고찰을 비롯하여 오늘날에 이르기까지의 사상을 망라하고 있는데, 예를 들면 기원전 700년경 호메로스가 말한 이런 구절이 있다. "아들이 아버지와 같은 경우는 좀처럼 없다. 대부분 아버지보다 뒤떨어지며, 뛰어난 경우는 소수에 불과하다." 그런가 하면 공자는 기원전 500년에 "자기보다 못한 친구를 사귀지 말라."고 했고, 성 히에로니무스는 "자기의 운명을 감수하라. 모든 면에서 일등이 될 수는 없다."고 했으며, 이솝은 기원전 550년에 "자신의 무지를 모르는 것은 무지보다 더욱 못하다."고 했다. 버틀렛은 이렇게 몇 세대에 걸친, 셀 수 없을 정도로 많은 사람들의 사물에 대한 사고방식을 독자에게 전하는데, 이 사람들은 모두 너와 내가 현재 살고 있는 것처럼 역사의 한 시기에 태어나 호흡을 하고 인생을 경험했단다. 그래서인지 이 사상가들의 자세와 의견, 고뇌를 읽으면 우리의 문제는 너무 하찮다는 생각마저 들지. 그렇지 않다 해도 경험자의 관찰 덕택에 문제를 훨씬 쉽게 해결할 수 있다.

나는 독서 하나만으로 일생을 열 번이나 경험한 듯한 기분을 느낀다. 물론 우월감을 느끼는 것은 아니다. 그보다는 이 땅에서 주어진 시간을 유용하게 사용하고 있다는 기분이다.

그 때문에 스스로 바라건 바라지 않건, 작고 폐쇄적인 사회에 서 태어나 외부 세계를 실제로 또는 서적을 통해 접할 기회가 없는 사람들이 가엾게 생각된다. 인생을 얼마나 알 수 있을까! 모르는 채 끝나는 것은 얼마나 많을까! 하고 말이다.

독서량은 많아도 소설밖에 읽지 않는 사람도 있다. 기묘하게도 소설을 읽는 것은 휴식이지만 논픽션을 읽는 것은 일이라고 생각하는 사람이 많다. 하지만 나는 논픽션을 읽으며 휴식 이외의 것을 느낀 적이 없다. 게다가 배워야 할 것들과 소설보다 훨씬 흥미로운 일들이 잔뜩 실려 있다고 생각하면 누군가의 백일몽을 읽는 일은 시간 낭비라는 느낌마저 든다.

존 로크는 1670년에 "사람의 지식은 경험의 성을 벗어나지 않는다."고 말했다. 나도 그렇게 생각하는데 타인의 경험에 대해서 읽음으로써 지자신의 견문을 크게 넓힐 수 있을 것이다. 일례로 미국의 부통령이었던 해리 트루먼은 대통령의 지위에는 부적격이라는 평가를 받았다. 그러나 그는 경험 부족에도 불구하고 대단히 강력한 대통령이 되었지. 나의 지론에 의하면, 14세 때 미주리 주 인디펜던스 시에 있는 작은 지역 도서관의 책을 한 권도 남김없이 독파한 것이 그의 성공 비결이었다. 다시 말해 경험으로는 얻을 수 없었던, 세계적인 문제에 관해 대통령으로서 필요한 통찰력을 그에게 준 것은 독서였다.

실제로 역사는 자극적이면서 동시에 큰 즐거움을 주는 일련의 이야기이다. 이를테면 제1차 세계대전에 참전한 비행기 조종사들의 용기, 인간과 사회에 대한 공자의 사색, 영국 건국을 위해 사자왕 리처드가 겪은 시련 등은 참으로 감동적이다.

많은 영웅적 행위를 화려하게 수행하고, 수많은 고난을 용감하게 극복하며 수많은 사람들에 의한 난제를 해결하는 등, 그들의 행적에 비하면 우리의 아주 작은 노력들은 그저 하잘 것 없는 일처럼 보인다. 그러나 우리의 인생 여행이 어디까지 지속되건 우선 첫 발걸음을 내딛는 데에서 출발한다. 책을 한 권 읽을 때마다 올바른 방향으로 한 걸음 전진할 수 있다. 다른 사람의 업적과 성과, 즉 문제 해결을 위해 발휘한 그들의 지혜를 떠올려보는 것처럼 실제 경험에 가까운 것은 없으며, 책은 기꺼이 그런 기회를 제공한단다. 다시 말해 우리의 마음을 열게 하고, 우리의 존재 이유를 생각하게 하며, 좌절했을 때는 최선을 다하도록 격려하는 것이지. 더불어 태만은 우리가 이 땅에서 누릴 수 있는 시간을 낭비하는 것과 같다는 점을 깨닫게 도 하고 보통 사람과 다른 점이 있다는 사실은 성공의 필요조건 가운데 하나이지만, 아쉽게도 과감한 행동력을 보여주는 사람은 적다. 내가 중요한 결정을 내렸을 때도 대개의 경우 친구들의 비판을 받았다. 그들은 선의의 마음으로, 내가 하려는 일이 대단히 위험하고, 성공의 전망이 없어 보이고, 무모하다고 경고했다. 공인회계사 자격을 취득한 내가 작은 회사에서 일하기 위해 대기업을 사직했을 때는 동료들에게 조롱을 받기도 했단다. 하지만 오늘의 우리 사업은 모두 그때 결단을 내렸기에 얻은 직접적인 결과이다. 또한 마흔의 나이에 비행기 조종을 배울 때도 사람들에게 무모하다는 말을 들었다. 아이들이 아직 어렸기 때문이지. 하지만 그 결단 덕분에 우리 가족은 오랜 세월 비행기를 즐기고 있지 않니. 그 밖에 율브리너가 「왕과 나」에서 말한 불멸의 대사를 빌리면 "etc, etc, etc"이다.

독서를 통해 경영 기법을 연마한다는 말은 결국 사람에 관해서 읽는다는 것이다. 역사는 사람에 대한 이야기이니 말이다. 현재 널리 읽히고 있는 스트레스, 투자, 식사요법, 운동, 비행기의 안전한 조종법 등 셀 수 없을 정도로 많은 주제를 다룬 책들도 모두 사람이나 사람들의 생각, 혹은 행동에 대해서 말하고 있다. 이처럼 경영 기술을 비약적으로 향상시키고 싶다면 넓은 범위의 여러 사람들에 대해서 읽어야 한단다.

한편 경영상의 개별적 문제에 대해서 어떤 책을 읽어야 하는가는 대학에서 경영학 수업을 받은 교수에게 물어보는 것이 좋겠지. 그들은 대개 누가 무엇을 썼는가, 어떤 주제에 관한 대단히 우수한 논문은 어디에서 찾을 수 있는가에 관한 최신 정보를 알고 있기 때문이다. 그러니까 그들을 너의 고문으로 활용하도록 해라(내 경험으로 볼 때 그들은 항상 기꺼이 조언을 해주고 비용도 타당하다).

기억하고 있는 것처럼 네가 열아홉 살이었을 때 나는 네 방에 책장을 만들어주었다. 그리고 책장에 네가 이 세계에 뛰어들었을 때, 그리고 개인 생활에서 상당히 도움이 될 것이라고 생각되는 책들을 꽂아두었다. 다음의 열 권이다.

1. 버틀렛의 상용 인용구집(존 버틀렛)

2. 광고업계에 살다(클로드 홉킨스)

3. 가족 경영 회사의 성격(레옹 단코)

4. 의사와 마음(빅터 E. 프랭클 의학 박사)

5. 동양의 유산(윌 듀랜트)

6. 부를 쌓는 13가지 조건(나폴레옹 힐)

7. 라이징 선(존 톨랜드)

8. 브리태니커 백과사전 1권(어떤 것이라도 좋다)

9. 로마제국 흥망사(에드워드 기번)

10. 랠프 왈도 에머슨(프레드릭 I. 카펜터)

마지막으로 성 토마스 아퀴나스가 1250년에 했던 말을 빌고 싶다. "한 권의 책으로 사는 사람을 주의하라."

더 이상 덧붙일 말이 있을까?

– 책벌레로부터

P.S.

> 내가 좋아하는 책을 소개해주마. 몇 페이지밖에 되지 않아 보통은 이것을 '책'이라고 하지 않겠지만, 대단히 훌륭한 교훈을 담고 있기에 나는 그렇게 부른다.

다음 이야기는 1899년에 불과 한 시간 만에 쓰여졌다. 저자 엘버트 허바드는 극히 평이한 문체로 이 책을 썼지만, 대단히 중요하고 기본적인 교훈이 담겨져 있던 터라, 이미 1913년에 초판이 4천만부나 인쇄되었고, 노일전쟁 중 전선으로 향하는 러시아 병사는 모두 『가르시아 장군에게 보내는 편지』를 한 부씩 지니고 있었다. 그 후 일본군은 포로로 잡은 러시아군에게 몰수한 그 책의 숫자를 보고 바로 번역해야 한다고 생각했고, 칙령에 의해서 무관과 문관을 불문하고 관리 전원에게 한 부씩 나누어주었다. 이 이야기는 지금까지 러시아어, 독일어, 프랑스어, 스페인어, 터키어, 힌두어, 일본어, 그리고 중국어로 번역되었는데, 아마 그 외에도 많은 언어로 번역되었을 것이다. 그 교훈은 당연히 이 글이 쓰여진 당시의 시대 상황에 적합하지만 지금은 더욱 귀에 따갑게 들린다.

『가르시아 장군에게 보내는 편지』

쿠바 식으로 말하자면, 내 기억의 지평선에 근일점의 화성처럼 빛나는 한 인물이 있다. 미국과 스페인 사이에 전쟁이 일어났을 때, 미국 정부는 스페인 반군 지도자와 직접 연락을 취해야 했다. 그러나 쿠바의 산채 어딘가에 있을 가르시아 장군의 소재에 대해서는 아무도 몰랐다. 그러니 편지나 전보를 보낼 수도 없었다.

하지만 대통령은 반드시 그의 협력을 얻어야만 했다. 그것도 시급히. 어쩌면 좋은가!

이때 어떤 사람이 대통령에게 말했다.

"로완 중위라면 가르시아를 찾을 수 있을 것입니다."

이윽고 로완이 소환되었고, 가르시아에게 보내는 편지를 맡겼다. 로완 중위는 기름종이 봉투에 밀봉된 그 편지를 앞가슴에 동여매고, 어둠을 틈타 작은 보트로 쿠바 해안에 상륙한다. 그가 어떻게 적국의 정글을 가로지르는 등 천신만고를 겪으며 4일 후 가르시아 장군에게 서한을 건네주었는지, 그리고 3주 후엔 그 섬나라의 해안 끝에 어떻게 나타났는지 자세히 말할 생각은 없다. 내가 강조하고 싶은 것은 매킨리 대통령이 로완에게 편지를 맡겼을 때, 로완이 "그는 어디에 있습니까?"라고 묻지 않았다는 점이다.

로완 중위야말로 불멸의 청동으로 조각하여 전국의 대학에 설치해야 할 인물이다. 그의 모습이 보여주듯 젊은이에게 필요한 것은 책상 위의 학문이나 이런저런 지시가 아니라, 허리를 똑바로 펴고 일에 맞서는 자세이다. 그들은 신뢰에 보답하기 위해서라도 신속하게 행동하며 정열을 다 쏟아 임무를 수행한다. 다시 말해 가르시아 장군에게 편지를 전달할 것이다.

참고로 가르시아는 이미 저 세상으로 떠났지만, 오늘날에도 수많은 가르시아는 존재한다. 많은 사람의 힘이 필요한 대 사업을 수행하려던 사람이라면, 한번쯤은 보통 사람의 무능함에 깜짝 놀란 적이 있을 것이다. 말 그대로 그들에게는 하나의 일에 집중하여 그 일을 수행하는 능력이나 의욕이 없다.

즉 성의 없는 보조, 어리석은 부주의, 될 대로 되라는 식의 무관심, 게다가 건성으로 하는 일처리가 판에 박은 듯하다. 그러다 보니 속이고 매달리고 겁주어서 타인의 도움을 강요하든지 돈으로 매수하지 않는 한, 또는 은혜로운 하느님이 기적을 일으켜 빛의 천사를 보내주시지 않는 한 누구도 성공을 바랄 수 없다.

나의 말이 미덥지 못하다면 한 번 시험해보자. 지금 사무실에 있는 당신 옆에 여섯 명의 부하 직원이 있다. 그 중의 누구 한 사람을 불러 부탁하라. "백과사전을 찾아서 코레지오의 생애에 대한 간단한 메모를 작성해주게."

그런데 그 부하 직원이 과연 조용히 "알겠습니다."라고 대답하고 작업을 시작할까? 결코 그렇지 않으리라 확신한다. 그보다는 틀림없이 이상하다는 듯한 표정을 지으며 질문을 할 것이다.

"어떤 사람입니까?"

"어떤 백과사전이죠?"

"백과사전은 어디 있죠?"

"비스마르크를 얘기하는 건 아닙니까?"

"창리에게 시켜도 되지 않습니까?"

"죽은 사람입니까?"

"급한 일입니까?"

"제가 그 책을 가져올 테니까 직접 찾는 게 어떠세요?"

"왜 알고 싶은데요?"

그뿐 아니다. 만약 당신이 그 질문들에 답하고 그 정보를 찾는 방법이나 그것을 찾는 이유를 설명하면, 그 부하 직원은 십중팔구 다른 부하 직원에게 가서 가르시아를 찾는 심부름을 시킬 것이다. 그리고 당신에게 돌아와서는 그런 인물이 없다고 할 것이다. 물론 내가 이 도박에 질지도 모르겠다. 하지만 평균 법칙에 따르면 질 리가 없다.

그러므로 당신이 현명하다면 코레지 오의 철자는 K가 아니라 C라고 애써 설명하는 대신, 상냥한 웃음과 함께 "됐네."라고 말하며 스스로 정보를 찾아 나설 것이다. 요컨대 오늘날 진정한 사회주의자가 좀처럼 나타나지 않는 이유는 자주적으로 행동하는 이러한 능력의 결여, 정신적인 우둔, 의지의 박약, 자진해서 기꺼이 수용하지 않는 태도 때문이다. 사실 자기를 위해서도 행동하지 않는 사람들이 전체의 이익을 위해 얼마나 노력을 할까?

그런 점에서 옹이 투성이의 곤봉을 손에 든 부사장도 한 명은 필요하다. 토요일 밤에 '해고'되는 것이 무서워 고분고분하게 구는 노동자도 많기 때문이다. 그런가 하면 타이피스트 구인 광고를 내면 몰려드는 응모자 10명 중 9명이 제대로 맞춤법도 모르고 어디에 구두점을 찍어야 하는지도 모른다. 게다가 그런 것쯤은 몰라도 좋다고 생각한다.

그런 사람이 가르시아에게 보내는 편지를 쓸 수 있을까?

"그 출납 담당 말인데요."

어느 날 어떤 큰 공장의 감독이 말했다.

"그 사람이 왜?"

"회계 담당으로는 유능합니다. 그런데 언제나 그런 것은 아니지만 심부름을 내보내면 도중에 술집에 들러 시내에 도착하면 무슨 용건으로 왔는지 잊을 때가 간혹 있습니다."

이런 사람에게 가르시아에게 보내는 편지를 맡길 수 있을까?

우리는 요즘 '학대받고 착취당하는 노동자'나 '제대로 된 직업을 구하려고 헤매는 의지할 곳 없는 사람들'에 대한 감상적인 동정이 듬뿍 담긴 이야기를 듣는다. 그와 동시에 경영자에 대한 혹독한 어구가 반드시 따라붙는다.

그러나 야무지지 못하고 의지 약한 사람들에게 눈치 빠른 일을 시키려고 허망하게 분투하다가 나이에 걸맞지 않게 해고해 버린 고용주, 그가 등을 돌리기만 하면 농땡이 치는 '직원'을 얻기 위해 오랜 세월 강한 인내심으로 노력하는 고용주, 이런 사람들에 대해서는 아무런 말이 없다. 그렇지만 어떤 상점, 공장에서든 해고는 항상 일어나는 일이어서, 고용주는 사업의 번영에 도움이 되지 않는 무능력한 '직원'을 끊임없이 해고하고 대신에 다른 사람을 채용하고 있다.

아무리 경기가 좋아도 이 취사선택은 계속되며, 다만 불황으로 직장이 줄어들면 그 선택 기준도 강화되어 무능하고 도움이 되지 않는 사람은 직장에서 쫓겨난다. 이른바 적자생존의 원리로, 모든 고용주가 자신의 이익을 위해서 가장 우수한 인재, 즉 가르시아에게 편지를 전해줄 수 있는 직원만을 남기려하기 때문이다.

　내가 아는 어떤 사람은 대단히 우수한 자질을 갖추고 있지만, 스스로 사업을 경영할 능력은 없다. 더욱이 타인에게는 아무 쓸모도 없다. 고용주가 자기에게 부당한 압박을 가하고 있다는, 혹은 가하려고 한다는 이상한 의심을 항상 품고 있기 때문이다. 따라서 그는 명령을 내리지 못할 뿐 아니라. 받을 마음도 없다. 그런 그에게 가르시아에게 보내는 편지를 맡긴다면, 그 대답은 아마도 "당신이나 하시게!"일 것이다.

　이 남자는 오늘 밤도 직장을 찾아 거리를 헤매고 있는데, 바람이 그의 찢어진 코트를 날리고 있다. 그러나 그를 알고 있는 사람은 그를 고용하려 하지 않는다. 항상 사람들의 불만을 부채질하기 때문이다. 더구나 그에게는 도리 역시 통하지 않는다. 그러니 그를 위해서는 바닥이 두꺼운 부츠의 발끝으로 한번 차줄 수밖에 없다.

　우리는 이처럼 이상한 성격을 가진 사람을 가련히 여겨야 한다. 그러나 그와 함께 사업을 경영하기 위해 끝없이 노력하고 업무 마감 벨이 울려도 일이 끝나지 않는 사람들에게도, 한 방울 정도는 연민의 눈물을 흘려주어야 하지 않을까. 일을 중도에 팽개치는 냉담한 사람들, 천박하고 무능한 사람들, 은혜를 모르는 사람들을 통솔하느라 고생이 심해 벌써 백발이 되어버린 사람들을 위해서도 말이다. 이들이 운영하는 사업이 없다면 그 도움이 되지 않는 사람들은 안락하게 휴식할 공간마저 얻지 못할 것이다.

　내 말이 너무한 것일까? 그럴지도 모른다. 그러나 세상 전체가 빈민화한 지금, 나는 성공한 사람에게 동정의 말을 건네고 싶다. 이들은 승산 없는 싸움에 도전하여 사람들의 노력을 촉진시키고 승리를 거두었지만, 아무것도 얻지 못하기 때문이다. 살 집과 입을 옷밖에 없다. 나는 도시락을 들고 출근하며, 매달의 월급에 상당하는 일을 해왔다. 동시에 사람도 고용하고 있으므로 양쪽에 대해서 말할 수 있다. 빈곤, 그것은 어떤 장점도 없고 누더기는 칭찬할 만한 것이 못된다고 말이다. 그리고 모든 가난한 사람들이 고결하다고 말할 수 없는 것처럼, 모든 고용주가 욕심 많고 고압적이라고도 말할 수 없다.

내 마음이 끌리는 사람은 '상사'가 있을 때나 없을 때나, 맡은바 업무를 다하는 사람이다. 그리고 가르시아에게 보내는 편지를 건네주면, 잠자코 그 편지를 받아들고 어리석은 질문을 하지 않는 사람, 바로 하수도에 버리려고 하거나 전달도 하지 않고 처치하려는 마음이 없는 사람이다. 이들은 결코 일시해고를 당하지 않으며 임금 인상을 요구하는 파업을 할 필요가 없다. 문명은 그런 사람들을 찾아내려는 기나긴 여정이다.

그런 사람의 소망은 무엇이라도 들어줄 수 있으며, 그들은 어떤 도시나 어떤 마을에서도 필요한 존재가 될 것이다. 모든 사무소, 상점, 공장, 아니 세계가 그런 사람을 찾고 있는데...

'가르시아에게 보내는 편지를 전달할 수 있는' 인물이야말로 절대 필요한 존재이기 때문이다.

팀워크로 대응해라

아들은 책임지고 있는 회사 중 하나에서 발생한 중대한 문제를 해결해야 한다. 어떻게 행동하는 것이 최선일까? 그는 직면한 문제에 대해 아직 판단을 내리지 못하고 있다.

우리 제조 회사의 설비를 근대화한다는 새로운 구상에 관하여 네가 약간 망설이는 걸 보니 매우 흥미롭구나. 내가 '흥미롭다'고 말하는 것은, 네가 새로운 구상에 어떤 식으로 대응해야 할지 방침을 정하기 어려우리라는 걸 인정했기 때문이란다. 학교에서 배운 것과 사회에서 몇 년 동안 경험한 것의 효과가 이제야 슬슬 나타나기 시작하는 모양이다. 문제를 솔직히 인정할 때, 다시 말해 어떤 문제로 교리를 감싸 쥐고 있다는 사실을 인정할 때, 비로소 너는 성공하는 엘리트의 일원이 될 수 있다.

문제를 인정할 수 있는 사람은 이미 훌륭한 인물의 가장 중요한

두 가지 특징 가운데 하나를 갖춘 것이다. 다른 또 하나의 특징은 아직 네게서 드러나지는 않았지만, 실패를 인정하는 일이다. 물론 너는 "실패한다면 인정하겠습니다!"라고 말하겠지만, 나는 너에게서 그 특징을 볼 수 있을 때까지 오래살고 싶다. 그렇게 되면 너에게 전수할 일이 그다지 많지 않을 테니 말이다.

네가 우리에게 이 문제에 대해서 말하기까지 너의 귀중한 시간을 며칠, 혹은 몇 주나 소비했는지는 모르지만(그리고 더욱 귀중한 나의 돈을) 그것이 하루 이상이라면 너무 길다. 네가 취할 수 있는 방법은 분명 오랫동안 사용해오긴 했지만 실행하기는 힘든, 팀워크에 의존하는 것이다.

당연한 것이겠지만, 현재 수동으로 진행되는 작업을 대폭적으로 줄일 수 있는 설비를 도입하기 전에 우선 그만한 자금이 있는지 확인해야 한다. 다행히 너는 공인회계사 훈련을 받았고, 지금까지 경영 수업도 착실히 받은 덕분에, 거래 은행을 설득하여 타당한 계획을 제시하면 자금을 빌릴 수 있을 정도까지 일을 진척시켜 놓았다.

인플레를 감안한다면 제품 단위 당 원가 중에서 노동 비용은 매년 상승하겠지. 그러나 설비는 고정 비용의 지불이 끝나면 더 이상 비용이 들지 않는 노동력이 된다. 물론 우리가 이 업을 계속하고 있는 경우에 한하지만 말이다. 실제로 기술적 진보라는 매력에 끌려 설비를 도입하기 위해 무리하게 자금을 동원했다가 그 뒤 곧바로 찾아온 불경기에 도산으로 내몰린 경영자가 한둘이 아니란다(내가 너에게 이 이야기를 하는 것은 326번째이지만 부디 1천 번째는 '정말 그렇구나.' 하고 생각했으면 한다).

아무튼 너는 계획을 작성하는 단계에서 막혀버린 셈인데, 그것은 네가 이 부문에서 아직 충분히 경험을 쌓지 못했기 때문이다. 즉 어떤 분야에 근대적인 설비를 새롭게 도입하면 좋을까? 이 문제를 해결할 최선의 방법을 간과하고 있으니 네 당혹감도 놀라울 건 없지. 팀워크 말이다.

수동 작업으로 진행되는 분야에 대해 분석하려면 우선 원가 계산 담당자의 도움을 빌리도록 하여라. 즉 기계 설비를 완전 자동으로 도입한 생산 라인의 원가와 반자동화한 경우를 비교하는 것이지. 이 점에 관해서는 공장장과도 이야기를 나누는 것이 좋다. 그는 어느 부분에서 자동화가 최대 효과를 발휘할지, 어느 정도의 생산량이 효율적이고 어느 정도의 생산이 비효율적인지를 알고 있을 테니 말이다. 그런가 하면 현장의 책임자들은 공장장보다도 실제 생산에 더욱 깊이 관여하고 있으므로 아마 좀 더 세부적인 정보를 제공해줄 것이다. 때에 따라서는 이들의 정보를 더욱 신뢰할 수도 있다.

어느 부분에서 문제가 자주 발생하는지 품질 관리 담당자들의 의견을 듣는 것도 도움이 된다. 이것은 특히 너의 분석에 큰 영향을 미치는 정보가 될 것이다. 이런 식으로 모든 정보가 수집되었다고 생각하면 한숨 돌리고 주위를 돌아보아라. 기계장치에 관해서는 누구보다도 자세히 알고 있을 기계공은 어떨까? 그들 역시 기계의 상태나 나름대로의 경험에서 얻은 노하우 등으로 가장 좋은 장치를 만들 수 있는 회사에 대한 의견이 있을 것이다.

이것이 내가 말하는 이른바 효율적 관리로, 부하 직원의 경험이나 두뇌를 활용하고, 사원에게는 항상 최신의 정보를 전달하여 의견이나 조언을 구하는 방법이다. 바꿔 말하면 팀워크의 활용인데, 보통 상대가 특별히 관심을 갖고 있는 문제에 대해서 의견을 구하면 그 상대는 상당히 뿌듯해한단다. 자신의 판단이 존중되고 있다는 사실 때문이지. 그러므로 기회를 놓치지 말고 네가 사원을 얼마나 귀중한 존재로 생각하는지 성의껏 행동으로 나타내기 바란다. 그들이야말 로 회사의 생명을 지탱하는 혈액이다.

특히 설비 근대화와 같은 종류의 자료 수집에는 기지와 통찰력과 신중함이 필요하다. 이 세 가지는 절대로 빠뜨리면 안되는 것으로, 이를 명심하지 않으면 감당할 수 없을 정도로 일이 복잡해진다. 직 원들이 온갖 종류의 억측이나 추론을 끌어내기 때문이다. 즉 네가 그들의 직장을 없애려 하고 있다! 네가 대규모 인력 감축을 시도하 고 있다! 네가 경비 절감을 고려하고 있다! 이를 볼 때 회사는 경영 난에 빠진 것이 분명하다! 등 이런저런 불안감을 갖게 되는데, 이러 한 의심은 언제나 대화를 시작하기 전에 말끔히 풀어주어라.

내가 보기에 수동 작업을 줄이더라도 현재의 성장률만 유지한다 면, 새로 채용하는 사원의 수는 줄고 몇 개의 부서는 재편성해야 하 지만, 정리 해고는 필요 없을 것 같구나. 오히려 대부분의 사원은 인 플레를 감안하더라도 임금의 인상을 기대할 수 있다. 우리가 효율성 을 찾는 만큼 경쟁 회사의 시장 점유율을 잠식할 수 있기 때문이다.

그러나 위에 서 있으니만큼 너는 팀 내부에 의견 차이나 분쟁이 발생한다면 단단히 자세를 잡아야 할 것이다. 만일 네가 감독자를 제치고 기계공의 조언을 받아들였다면, 그 감독자에게 너의 결정을 빈틈없이 설명하는 것을 잊지 말아라. 감독자의 기분을 고려해주는 재치있는 방법 중 하나는, 시간이 지나면 그의 생각이 틀리지 않았 음이 증명될지도 모르지만 이 시점에서는 너의 결정에 반대하지 않 았으면 고맙겠다고 확실하게 양해를 구하는 일이다(그래도 반대한다면 이별은 그다지 감미로운 슬픔이 아닐지도 모른다고 덧붙이고 싶어지겠지).

이제부터는 돈을 사용하는 단계로, 드디어 재미있어진다.

네가 성공할지 못할지도 여기에서 결정된다. 그러므로 꼼꼼히 준비하여라. 그러지 않으면 곤란을 떠맡게 됨은 불을 보듯 뻔하다. 즉 설비 회사에 우리가 들여놓으려는 설비의 여러 형태를 묻고 연구하여라. 물론 우리가 요구하는 생산 능력에 맞춰 선택한다. 우리의 주입기와 라벨 부착기가 1분에 1백 개를 생산해내는데, 1분에 6백 개를 생산해낼 능력을 가진 기계를 구입하는 것은 의미가 없다. 쉽게 말해 조화로운 생산 라인이 필요한데, 무엇보다 하나의 생산 라인에서 시간당 2만 5천 개를 포장하려면 우선 그 만큼의 제품을 제조해야만 한다는 사실을 염두에 두었으면 한다. 자동차 시보레의 아름다운 곡선을 유지하는 것처럼 말이다. 참고로 링컨은 사양하고 싶구나.

새로운 설비를 구입할 때는 그 전에 반드시 같은 기계가 실제로 사용되고 있는 곳을 견학해야 한다. 그러니까 설비를 소유하고 있는 사람을 찾아내어 견학을 신청한 뒤 기계공과 공장장을 데리고 가 그 조작에 대해서 조리 있게 질문하여라. 그 기계의 소유자가 실제로 사용하고 있는 곳을 찾아가 보고 그 만족도를 확인하는 것만큼 좋은 공부는 없다. 혹시 그 장치가 처음 선전만큼의 성능을 가지고 있지 않다면, 기계의 소유자는 바로 너에게 그 이야기를 해주겠지. 누구나 속았다면 유쾌하지 않기 때문에 네가 같은 실수를 범하지 않도록 기꺼이 이야기해줄 게다.

마지막으로 기계의 교체 시기는 언제쯤인지, 교체 부품을 구하는 것은 용이한지, 취급업자의 보수 서비스는 만족할 만한지, 세세한 점에 대해서 조사하는 것도 잊지 말아라. 그런 뒤에는 팀 전체 회의에서 결단을 내려야 한다. 그때까지 그들의 지혜를 빌리고서 승리를 축하하는 단계에 그들을 초대하지 않으면 실례가 된다.

이윽고 새로운 기계가 도착하여 설치되고 운전이 시작되면 너희 팀이 내린 결정의 시비를 가릴 수 있을 것이다. 그러면 그들도 이른 바 평가에 참가시키도록 하여라. 모두가 함께한 선택이 올바른 경우에는 그들도 나와 함께 환성을 올리겠지.

그러나 일이 잘못되었다고 해도 그들은 내가 너에게 바보라고 호통치는 것을 듣고 그 이유를 납득할 게다. 내 예상으로는, 책임은 모두 네가 지게 되겠지만, 내가 그들을 바르게 이해하고 있다면 너의 팀은 너 이상으로 미안함을 느낄 것이다. 그리고 내가 직접적으로 뭔가 말하지 않아도 다음에 기계 설비를 매입할 때에는 반드시 훌륭한 것을 찾아낼 테고 말이다("사장에게 바보들이라고 생각되는 것은 참을 수 없다! 최선을 다하자!").

이렇게 팀워크에 의지하는 방법은 다년간의 경험을 하나로 모을 수 있지만, 사업계에서는 활용되기 힘든 방법의 하나이기도 하다. 네가 쿼터백이었을 때를 기억하고 있느냐? 어떤 시합에서 네가 아무리 좋은 플레이를 펼쳐도, 우승은 팀 전원의 사기가 충천하고 선수 한 명 한 명이 최대한의 노력을 했을 때에만 얻을 수 있었는데, 현실 세계도 이와 똑같다.

그러나 얘야. 결국은 이 아버지를 포함해 주위의 모든 사람을 만족시키는 일은 실제로 불가능하단다. 네가 이 점을 잊지 않았으면 좋겠구나.

— 완벽주의자로부터

성취하면 행복하다

아들은 어느 날 아버지에게 몇 가지 철학적인 질문을 한다.
"인생의 '진정한' 행복은 어떻게 손에 넣을 수 있는가요?", "뛰어난
인물이 되기 위한 조건은 무엇인가요?", "함께 있으면 언제나 즐겁
고 기쁜 사람이 있는가 하면, 5분만 곁에 있어도 일주일이나 지난 듯
느껴지는 사람이 있는 이유는 무엇인가요?"

너의 질문은 나 자신도 해답을 찾기 위해 오랜 시간을 소비해온
것들이란다. 그 세 가지 질문에 대해 사람들은 가지각색의 생각을
갖고 있는데, 맨 처음 질문에 대해서는 빅터 E. 프랭클의 견해를 소
개하겠다. 그는 제2차 세계대전 중 나치의 강제 수용소에서 살아남
은, 오스트리아의 정신과 의사란다. 지금까지 읽은 책 가운데에서도
특히 그가 쓴 책은 내 사고에 큰 영향을 주었다. 프로이트는 인생의
행복을 쾌락에 의해 달성할 수 있다고 생각했고, 히틀러는 권력의

추구에 의해 얻을 수 있다고 했지만, 프랭클 박사는 행복에 대해서
새로운 이론을 내세웠지. 내가 보기에 프랭클 박사의 생각에 비하면
이 두 사람은 완전히 착각을 하고 있다. 이 점에 대해서는 나중에 자
세히 말하마.

그렇다면 뛰어난 인물이 되기 위한 조건은 무엇일까? 제일 먼저
필요한 조건은 누구나 마음을 갖고 있다는 사실을 깨닫는 것이다.
스스로 자신 속에 키운 독특한 한 사람 한 사람의 마음 말이다. 너
역시 이 사실을 깨달아, 너의 마음을 지배하는 것이 자기 자신이라
는 사실과 너의 마음이 네게 부여한 힘의 크기를 이해할 때 비로소
진정한 네 자신의 소임을 다할 수 있다. 즉 그제서야 다른 사람들을
본받게 되는데, 다른 사람들과 같은 행동을 취하면서도 그들의 도움
을 받지 않아도 된다. 그러니까 기본적으로 너 자신을 바라보게 된
다는 것이지. 실제로 네 마음을 키우는 것은 너 자신이므로 다른 사
람들과는 다른 독특한 세포의 조합을 형성한다. 따라서 타인의 정신
이 너의 정신적 발육에 미치는 영향은 제한되어 있다. 프란시스 베
이컨도 "사람의 운명을 형성하는 주형(鑄型)은 주로 그 사람 자신의
수중에 있다."고 말했다. 마음의 형성에 대해서도 같은 말을 할 수
있다.

자유는 마음의 발전에 기본적인 역할을 하지만, 이 사실을 인식하
고 있는 사람은 생각보다 적다. 우리가 본능의 지령을 수행하거나
거부할 때마다 행사하고 있는 자유를 의식하는 사람은 적다는 말이
다. 인생의 도전에 어떻게 대응할지 취사선택하는 자유야말로 모든
인간이 가진 힘의 중추이다. 그러므로 곤란한 일이 주어졌을 때 너
는 그 일이나 자신의 악운을 푸념할 수도 있고, "이것은 어렵고 하기

싫은 일이지만, 받아들일 생각이고 받아들인 이상 훌륭하게 완수하겠다."고 다짐할 수도 있다. 네가 후자의 자세를 취하면 일을 진척시키기도 쉽고, 마지막에 가서는 성취감도 맛볼 수 있다. 그러니까 인생이 불쑥 내미는 도전장에 대해서 어떤 태도를 취할지 선택할 자유가 있다는 것을 깨닫고 그것을 행사한다면, 네가 인생의 행복을 성취할 확률은 크게 높아진다.

네가 심리적 성장과 태도 선택의 자유를 행사할 때 손쉽게 인생의 책임을 인정하고, 받아들이고, 완수할 수 있는데, 그것은 당연하다. 프랭클의 말을 빌리자면 책임은 '인간 존재의 기초'란다. 내가 관찰한 바로도 책임을 받아들이는 사람이야말로 가장 많은 결실을 맺는 인생의 주인공이더구나. 물론 많은 사람들이 책임을 받아들일 때부터 실패하지 않을까 불안을 느낀다. 너도 그렇다면 노력했으나 실패한 것은 수치가 아님을 알았으면 한다. 실제로 시도해보지 않았다는 것이 비극이지, 책임을 받아들이는 것은 도전을 받아들이는 일이며 훌륭한 성과를 얻기 위해 활짝 문을 여는 행위란다.

덧붙여, 이 땅에 살았던, 혹은 지금도 살고 있는 위대한 사람에 대한 독서는 위대한 마음을 접하는 것이다. 그들은 모두 주위의 압력에 굴하지 않고 자신의 가슴속에 간직한 나침반으로 인생의 항로를 선택하고, 언제나 선택과 태도의 자유, 그리고 개인적인 책임의 수용을 지침으로 삼는단다. 나는 이 위대한 사람들의 생애에 대해서, 그리고 그들이 성공의 고지에 오르는 길에서 극복한 많은 실패나 낙담에 대해서 읽을 때마다 그 인내력과 용기, 그리고 끈기에 경의를 표한다.

"위대한 고지로 인도하는 길은 험난하다."고 세네카가 기원전 50년에 말했다. 그 길의 험난함은 오늘날도 변함이 없다.

인생에 걸맞은 단어는 '결단'이란다. 인생의 성공도 여기에 달려 있다. 그러므로 너는 기로에 설 때마다 어느 방향으로 나가려 하는지 판단하여라. 다만 그 전에 발걸음을 옮길 결심을 하지 않으면 안 되겠지.

요즈음 특히 젊은이들 가운데는 인생의 의미를 찾지 못하는 불행한 사람들이 많은데, 아마도 대부분은 목표가 결여되어 있기 때문일 것이다. 사실 목표가 없다면 그것을 달성하는 기쁨을 느낄 여지도 없다. 그래서 그들은 어떤 이유든 자기에게 주어진 가능성을 살릴 수 없고, 같은 이유로 언젠가 거울을 들여다보면서 다음과 같은 프리드리히 헤벨의 말을 중얼거리게 될 게다.

"현실의 자신이, 혹시 되고 싶었는지 모를 자신에게 슬픈 인사를 한다."

현대의 나태하고 불만으로 가득 찬 세대를 만들어낸 원인을 우리의 비교적 높은 생활수준이라고 하는 사람도 있지만, 그것은 결코 새로운 것이 아니다. 그리스, 로마, 그 외 모든 문명이 젊은이를 비롯하여 많은 사람들에게 동요와 불행을 체험하게 했지만, 그 주된 원인은 생활수준의 정도가 아니다. 마음의 단련이 부족하고, 사람을 만드는 것은 그 사람 자신이라는 사실을 깨닫지 못했으며, 의사 결정에 태도와 선택의 자유를 살리지 못하고, 책임을 받아들이지 않았기 때문이다. 다시 말해 이런 것들이 모두 생활의 일부가 되었을 때 비로소 사업은 자기의 존재 의미와 목적을 찾아내게 된다는 것이다.

내가 보기에 많은 사람들은 떳떳하게 맞서 싸우려하기보다는 오히려 살아남기 위해 도망치고 있다. 이를테면 정부의 복지 제도, 교회, 친구, 그 외 각종 사회적 그늘로 숨어들지. 물론 마약이나 술로 도피하는 경우도 있고, 성공이나 실패의 경험이 부족하다 보니 어려움을 극복하기 위한 정신력도 부족하다. 이 불쌍한 사람들은, 어려움을 극복하는 진정한 해독제는 내부에서 나온다는 사실을, 그리고 긍정적이든 부정적이든 곤경에 대처할 태도를 결정하는 선택의 자유에서 나온다는 사실을 모른다. 그래서 그런 사람들은 현실에서 도피하여 소설을 읽거나 텔레비전의 픽션 프로그램에서 주역들이 그리는 가공의 세계를 바라보면서, 하고 싶다고는 생각해도 스스로 시도는 해보지 않고, 타인이나 가공의 인물을 통해 대리 만족을 얻고 있단다. 슬픈 일이 아닌가. 그런 점에서 내가 이 사람들에게 권하는 바는 논픽션을 읽고, 현실 속의 사람이 달성한 것 혹은 달성하려고 하는 것을 알아보고, 자기 자신에게 이렇게 말하라는 것이다. "그래, 나도 해봐야지!"

프랭클 박사 역시 저서 『의사와 마음』에서 나보다 훨씬 적절하고 확실하게 이런 점들을 지적하고 있단다. 그가 내린 행복의 정의는 성취감인데, 너도 생각해보면 인정할 게다. 사실 아무 일도 하지 않고 행복해진다는 것은 좀처럼 믿을 수 없다.

건강과 훌륭한 가족을 만난 점은 별개로 하자꾸나. 한마디로 행복은 무에서 만들어지는 것이 아니며, 너를 둘러싼 생활의 기본이 되는 물질에서 만들어지는 것도 아니다. 프랭클 박사가 말한 대로 진정한 행복감을 맛보는 순간은 자신에게 주어진 어떤 목표를 달성했을 때이다. 이는 뒤뜰 청소와 같은 단순한 것이나, 동료들 사이에서 뛰어난 지위로 선발되는 명예스러움이어도 좋다. 때로는 누군가를 돕는 일일 수도 있는데, 그 대상은 친구여도 좋고 자기가 모르는 사람이라면 더욱 좋다. 또한 학교에서 좋은 성적을 얻는 것도, 자동차 운전을 배우는 것도, 비행기 조종이나 자전거 타는 법을 배우는 것도 좋다. 어쨌거나 행복은 무언가를 하는 것이다.

너의 할아버지는 사람들이 성공이라고는 말할 수 없는 목표를 달성하여 행복한 생애를 보냈단다. 그렇지만 그것은 그에게 위대한 목표였지. 하루 종일 열심히 일한 후에 그의 마음은 평안함으로 가득 차 있었고, 그런 하루하루가 대부분이었다. 그는 항상 무언가에 열중하고 있었는데, 80세 생일날 요즘 어떻게 지내느냐는 질문을 받았을 때조차 매일 아침 일어났을 때 무언가 할 일이 있으면 인생에 불만이 없다고 말했다(그것이 그의 목표였으니까!). 그러나 85세가 되어 기대할 것이 없어지자 할아버지는 급속히 쇠약해지셨다.

그와 함께 의미 있는 인생은 질적 수준이 높은 생애를 보내는 것이다. 때로는 순간이나 단 하나의 사건이 인생의 의미 대부분을, 혹은 모두를 주기도 한다. 그 때문에 행운을 만났을 때나 불운할 때나 단호하게 최선을 다하는 것이 인생을 의미있게 만든단다. 그러니 아들아, 너는 어떤 미래에 대해서도 용기와 기품을 갖고 맞서도록 하여라.

행복은 무언가를 성취했을 때 얻을 수 있다. 무언가를 성취하려면 자유의지에 의한 선택과 태도, 책임의 수용과 실천, 그리고 항상 도전을 받아들이려는 불굴의 정신이 필요하다.

인생의 가치는 얼마나 많은 날을 보냈는가가 아니라 그 사용 방법으로 결정된다. 그래서 장수를 하여도 허무한 사람이 있다.

또한 "인생에서 기쁨(행복)을 찾을 수 있는지 없는지도 세월 이야기가 아니라 마음가짐으로 결정된다."

몽테뉴가 400년쯤 전에 한 말이다.

— 같은 인생의 여행자로부터

직원을 해고할 때

아들은 회사의 총무부장을 해고해야 한다. 마음이 무거워지고 무척
피곤한 이 임무에 대해 아버지가 조언을 한다.

총무부장을 해고해야만 한다는 사실에 대해 네가 느끼고 있는 우
려나 당혹감은 인간으로서 드러나는 바람직한 감수성의 표현이다.
그것은 너에게 타인을 배려하는 마음이 있으며, 그런 임무를 수행
하면서 타인에게 줄 수도 있는 마음의 상처와 절망을 알고 있다는
증거이기도 하지. 나는 너의 그러한 배려하는 마음 씀씀이를 좋아
한단다.
　하지만 잠시 악마 변호사 역을 맡는다면, 나는 네가 한시도 잊어
서는 안 될 사업 성공이란 사원 한 사람 한 사람의 힘이 응집된 작업
의 질과 양에 달려 있다는 사실을 강조할 것이다.
　따라서 어떤 직원이 어떤 업무에 부적격이라면 그는 더 이상 회사

에 고마운 존재가 아니다. 업무에 적격인 사원이 회사에 유익한 것에 비해서 그는 달갑지 않다는 것이지.

그런데 유감스럽게도 회사에 달갑지 않은 존재가 된 그 사람 역시, 현실을 의식하지 않을 수 없으므로 스스로 바람직하지 않은 생각에 빠지게 된다. 당연스럽게도, 매일 8시간이나 바다에서 밀려오는 조류를 거슬러 헤엄치고 있자면, 회사를 나서는 순간 모든 괴로움을 말끔히 잊어버릴 수는 없는 일이다. 예를 들면 상급 관리직 가운데에는 '입에 한 가득이라 씹을 수 없다.'는 비유에 걸맞을 만큼 일에 어려움을 느끼는 사람이 있다. 높은 보수나 지위는 원하지만 그에 따르는 일 처리능력과 자질이 부족한 경우인데, 이러한 관리 직원의 회사생활은 고투와 혼란의 연속이 되고, 우리는 차츰 그의 노력에 대해 신뢰를 잃겠지.

다른 한 쪽의 극단에는 지위 이상으로 시간이 남아돌아 죽고 싶을 정도로 따분하게 지내는 사람이 있는데, 그는 태풍을 기다리는 선원처럼 매일을 보낸다. "편하기는 한데 자극이 없는 게 딱 질색이야!"라고 하면서 말이다. 이 사람 또한 회사에는 달가운 존재가 아니란다. 매일 일에 대한 의욕이 끓어오르지 않으므로 결국 그에게도 회사에도 득이 되지 않는데, 이게 매우 빠르건 늦건 반드시 결별의 시기가 오지.

큰 줄거리는 이렇지만 때로는 주위의 사원 사이에도 갈등이나 도의적인 문제를 일으키는 인물이 나타난다. 즉 회사로서는 매우 귀중한 존재가 될 가능성이 있고, 업무에도 열의를 불태우지만, 아무리 해도 동료와 잘 어울리지 못하는 사람을 나는 몇 번 보았다. 그럴 경우 다른 사원들마저 차츰 동요를 일으키며 업무에 흥미를 잃어가는 것이 벽에 쓰인 문자처럼 읽힌다. 그러므로 이러한 분쟁을 불러일으키는 사람 역시 다른 귀중한 사원이 도망가기 전에 사직시켜야 한단다.

당면한 문제로 돌아오면, 그 사람은 내가 보기에 부하 직원으로서도 상사로서도 대하기 어려운 인물이더구나. 업무 면에서는 유능하고 부족함이 없지만 성격과 자세는 어떻게 할 방도가 없다. 업무 내용에 대해 그런 일은 자존심이 허락하지 않는다고 공언하는 경우가 종종 있으니 말이다. 그러니 이제 그를 그 책임에서 해방시켜줄 때이다. 곤혹스럽기도 하지만 득이 되는 부분도 있으니까 하고 스스로를 위로하면서 사태를 방치하는 고용주도 많다. 그러나 그것은 결별의 시간을 늦추려 질질 끄는 것에 불과하다. 물론 사람을 해고하는 일은 결코 기분 좋은 임무가 아니다. 그러나 그것이 정당하다고 인정될 때 얼굴을 돌려서는 안 된다. 질질 끈다고 쉬워질 임무가 아니기 때문이다.

나 역시 지금까지 수많은 사람을 사직시켜야 했단다. 너도 분명히 그렇게 될 것이고 아마도 그 수는 더욱 많아지겠지. 결단을 내리고 나면 언제나 혼란이 남았다. '잘한 일인가?' 하고 말이다. 하지만 한두 달이 지난 후 자신에게 똑같은 질문을 했을 때, 마음속에는 한 조각의 의심도 남지 않았다. 내가 한 일은 옳았을 뿐만 아니라 좀 더 빨랐어야 한다는 대답이 나왔으니 말이다.

덧붙여 '직원을 사직시키기 전에 다른 곳에서 더욱 유효하게 살릴 수 있는 그의 능력이나 장점에 대해서 생각해두는 것이 좋다. 이를테면 그의 능력을 우리 사업에서는 충분히 살릴 수 없었던 것이 아닐까? 그는 부득이한 일을 맡아 고생만 했던 것이 아닐까?(그렇다면 이것은 그의 실수가 아니라 우리의 실수이다) 등. 실제로 우리 회사에서는 그의 성격이 문제가 되지만, 그 성격이 어딘가 다른 곳에서는 장점이 될지도 모르니 말이다. 그러므로 어떤 경우든 상대가 가능한 한 낙심하지 않도록 하는 것이 중요하단다.

그렇게 하면 서로에게 이득이 되는데, 너는 적을 만들지 않아서 좋고, 상대는 너무 괴로워하지 않고 전직할 수 있어서 좋다. 게다가 이는 동료를 위해서 베풀 수 있는 최소한의 예의이다. 상대는 반드시 "왜?"라고 해고의 이유를 묻겠지만 앞서 말한 것과 같은 목적으로 비판은 되도록 자제하도록 하여라.

그렇다고 거짓말을 할 필요는 없다. 거짓말은 상대와 자신 양쪽을 모두 비겁하게 만들기 때문이다. 그저 네가 결심하게 된 이유와 다른 사람에게 장기적으로 이익이 되는 이유만을 짧고 조용히 설명하도록 하여라. "유감스럽지만 성격의 문제입니다.", "유감스럽지만 당신의 능력은 우리 업무에 맞지 않습니다."(힘이 남아돌거나 힘이 부족한 경우), "유감스럽지만 당신은 다른 곳에서 일하는 편이 더욱 큰 보상을 받을 수 있을 것입니다."라고 말이다.

이러한 경우 나는 신속하게 화제를 전직에 대한 권고나 상담으로 바꾸는데, 나를 위해 일해 준 사람을 위해서 추천장을 쓰지 않았거나 쓸 수 없었던 경우는 한 번도 없었다(세상에는 추천할 수 없는 사람도 많다고 생각하지만). 실제로 막 해고한 사람을 위해서 추천장을 쓰고 전직 이야기를 하면 그가 느끼는 최대의 불안인 '직장을 구할 수 있을까?'를 극복하는 데 많은 도움이 된단다. 그래서 이런 종류의 지원은 대개 기쁨을 주고 그 가치를 높게 평가받지. 지금은 대개의 고용주가 채용에 앞서 신용 조회처에 문의를 하는 것이 상식이므로, 해고한 사원이 너의 방을 나갈 때는 구직에 대해서 불안해하지 않도록. 단지 시간의 문제라고 생각할 수 있도록 배려하여라.

그러나 아무리 그렇다 해도 새로운 직장을 확보할 때까지는 금전적 불안이나 고통이 당연히 따르겠지. 우리 회사의 규정은 이러한 처지의 상급 관리직이 새로운 직장을 찾을 때까지는 근속 연수에 해당하는 급여의 일부를 계속 지급하도록 되어 있다. 개인적으로는 모든 고용주에게는 사원을 이처럼 보호할 의무가 있다고 생각하는데, 특히 근속 연수가 긴 경우는 더욱 그러하다.

한편 직원을 해고하며 네가 제시하는 퇴직금에 대한 불만 때문에 불미스러운 사태가 발생하는 경우도 있다. 그러므로 때로는 돈을 지불할 가치가 있는 상대가 아니라고 생각해도 1, 2개월분의 급여를 여분으로 지불함으로써, 재판을 비롯해 불만을 품은 해고 사원의 적개심도 피할 수 있다.

해고당한 사원은 누구라도 어느 정도의 실망, 불안, 자신감 상실, 고뇌 그리고 동요를 느낀단다. 이 우주의 같은 시민으로서, 그러한 감정을 인간적으로, 그리고 금전적으로 가능한 한 줄여주는 것은 너의 임무이기도 하다. 즉 너의 그러한 노력이 있었다면 혹시 사태가 다소 불유쾌하고 곤란해지더라도, 또 다른 너는 가슴을 펴고 그 결말을 맞이할 수 있겠지.

이와 더불어 네가 명심해두어야 할 것은, 신입 사원을 채용할 때 세심한 주의를 기울이면 결코 즐겁지 않은 이러한 사태가 줄어든다는 사실이다. 그래도 완전히 없앨 수는 없겠지. 회사라는 사회에서 사람의 출입은 지금까지도 항상 있었고 앞으로도 있을 테니까 말이다.

이처럼 회사의 경영에는 그다지 즐겁지 않은 일과 함께 즐거운 일이 있단다. 그러나 양쪽 모두 발전하는 사업 경영과 밀접한 관계를 맺고 있어서, 어려운 일은 피하고 즐거운 일만 할 수는 없다. 그러므로 이 고달픈 일에도 당당히 맞서기를 바란다. 따뜻한 마음으로 말이다.

- 인사부장으로부터

우정도 손질을 해야

아들은 수심에 잠겨 있다. 최근 몇 년 동안 직장 내에서는 몇 명의 친한 친구가 생겼지만, 옛 친구들은 좀처럼 만날 기회가 없었다는 것이다.

우정은 사업과 어떤 관계가 있을까? 생각에 따라서는 밀접한 관계가 있을 수도 있지만, 어떻게 생각하면 그 관련성은 제로 이하일 수도 있단다. 이 세계에서 우정이란 누군가를 이용하여 '돈을 모으기' 위해 잘 짜여진 방법을 감추는 위장술일 수도 있기 때문이다. 너는 비즈니스 세계에서 여러 부류의 사람들을 만날게다. 네가 소속된 사회의 대표적인 단면을 접하는 것이지. 이를테면 공장의 종업원, 판매처, 거래처, 구매처, 정부의 공무원을 비롯해 사적으로 만난 사람들도 있다. 이웃의 교회나 클럽 회원, 점원, 자동차 정비사, 내 경우라면 비행기 조종사나 낚시 친구도 포함해서 대단히 많은 사람들이 있지. 그 모두가 네 친구가 되지는 않겠지만, 어느 정도는 친구라는 형태로 이 땅에서 사람과 사귀는 기쁨을 전해준다.

사무엘 존슨은 "새로운 사람을 사귀지 못한 날은 그 하루를 잃은 듯한 기분이 들었다."고 말했는데, 이야말로 훌륭한 사고방식이다. 달리 어디에서 우정이 싹틀까? 누군가를 처음 만나 인사를 나누고, 그 대화에서 마음이 통하면, 가끔 우정의 촉진제가 되는 "언제 점심 식사라도 어떻습니까?"로 교제는 시작된다. 참고로 덧붙이자면, 그럴 생각이 없는데 말로만 초대하지 않도록 주의해라. 행동이 동반되지 않으면 천박하다고 오해를 받기 때문이다.

그러니까 이러한 일상의 우연한 만남에서 싹트는 것이 가장 기본적인 우정이다. 인간은 사귀고 싶은 사람에게는 자연히 끌리게 마련인데, 매력이 느껴지지 않는 사람과 우정을 키우는 것처럼 허무하고 좌절감이 느껴지는 일이 있을까. 그러나 그보다 귀찮은 것은 누군가가 너와 친구가 되고 싶어 하지만, 너는 그 사람에게 전혀 매력을 느끼지 않는 경우일 게다.

그러한 경우에도 위험한 태도를 취해서는 안 된다. 너와 친구가 되고 싶다는 마음이 순수하다면, 그 사람은 너의 무언가에 끌린 것일 테니 부당하게 너와의 친밀한 관계를 요구한다고 나무랄 수만은 없으니까.

세상에서 가장 강한 우정은 서로를 이해하면서 생겨난다.

그래서인지 이 대단한 인간의 결합 중에서도 최고의 관계는 부부 사이의 우정이지. 그러나 바라건대 너의 두 번째로 강한 결합은 너와 너의 아이들 사이에 싹트는 우정이었으면 한다.

물론 그 다음은 부모, 그리고 너의 친척이어야 한다. 여기서 내가

'바라건대'라고 말하는 이유는 세상에서 반복되고 있는 비극의 하나는 혈연이나 결혼에 의해 결합된 사람들 사이의 우정이 파괴되는 일이기 때문이다. 사실 가장 긴밀하고 귀중한 이 우정은 항상 따뜻하게 보살펴야 하는데, 이는 가족 이외 사람과의 우정에 대해서도 마찬가지란다. 즉 잃지 않기 위해서는 보살펴야만 한다.

강한 사람들의 특징적인 습성은(기원전 500년에 공자가 말한 것처럼) "자기보다 못한 친구는 사귀지 않는다."는 것이다.

그의 조언은 자신과 동등하거나 그 이상의 수준을 가진 사람들을 친구로 사귐으로써 자기 자신을 향상시킬 수 있다는 뜻일 게다. 다시 말해 우리를 더욱 좋은 방향으로 이끌어주고 나쁜 방향으로 끌어들이지 않는 사람과 사귀라는 의미이다. 분명 그 말이 맞다.

사람은 자기가 존경하고 호의적으로 생각하는 사람에게 호감을 받으면 당연히 자신감이 생긴다. 자신이 상대에게 존경과 호의를 받고 있으며, 대화 상대로서 또는 동행으로서 인정받고 있음을 알 수 있기 때문이다. 따라서 대단히 기쁘고 기분 좋은 인사치레의 하나는 호의적인 사람에게 어떤 행사에 초대를 받는 것으로, 그것이 특별한 행사이거나 친한 사람들의 모임이라면 더욱 좋다.

몇 번인가 말했지만 인간의 두뇌가 발휘할 수 있는 힘 가운데 우리가 일상생활에서 활용하는 부분은 극히 일부이며, 잠재 능력의 대부분은 휴면 상태란다. 그래서 재기 발랄한 친구와 대화를 나누며 그 잠자고 있는 두뇌의 힘을 일깨우고 키우는 것처럼 즐겁고 자극이 되는 일은 없지. 그 이상 인생에서 얻을 수 있는 것은 없고, 그 이상 인생을 풍요롭게 하는 것도 없다. 따라서 "젊은이의 행복에서 빼놓을 수 없는 것이 우정이다."라고 했던 윌리엄 오슬러의 명언이 너에게 감명을 줄 것이다. 실제로 그 이상의 진실은 없다.

인생의 행로에서 친구보다 더 귀중한 존재는 무엇일까? 친하고 귀중한 친구 이외의 누구에게 자기의 성공을 자랑하고, 실패와 손실의 푸념을 늘어놓을 수 있을까? '친구'란 무엇인가? 어떻게 설명하는 것이 가장 적절할까? 내 관찰에 의하면 함께 울어줄 친구는 많지만, 진심으로 함께 기뻐해줄 친구는 많지 않더구나. 내 생각에 진정한 친구는 질투심을 섞지 않고 너의 성공을 기뻐해줄 수 있는 사람이다. 그러니까 "대단해! 한 번 더 해봐, 그러면 더 잘 할 거야!"라고 진심으로 생각해주는 사람이다.

우정에서 한 사람은 번영하고 다른 한 편이 곤경에 빠지는 것처럼 무거운 짐이 되는 것은 없다. 제아무리 긴밀한 우정이라도(결혼 생활에서도) 그 짐으로 인한 긴장에 견디지 못하고 붕괴되는 경우가 자주 있다. 많은 수수한 우정들이 이 같은 이유로 무너지는 것이 이상한 일은 아니다.

성격이 좋고, 확실한 윤리관을 갖고 있고, 염치와 유머가 있으며, 용기와 확신을 갖고 있는 사람은 찾고 구해서 친하게 지내고, 중요하게 여겨야 할 친구이다. 그런 사람은 많지 않다. 흔히 사람들은 "한 손의 손가락을 모두 접고도 남는 친구가 있다면 축복받았다 생각하라."고 하는데, 나는 그 말에 덧붙이고 싶다. "그 손의 손가락 두 개를 기계로 잃었다 하더라도"하고 말이다.

우정을 영원히 지속시키려면 어떻게 해야 할까? 그 대답의 전부를 아는 것은 아니지만, 내 관찰에 의하면 대개의 친구는 취향이 비슷하다. 그래서 일반적으로 같은 것을 좋아하거나 싫어한다. 또한 성격도 특히 정직, 성실, 충실, 신뢰성이라는 사회생활의 기초를 중시하는 정도에서 공통된 면이 많아 대개 '유유상종' 한다. 한쪽이 모차르트나 발레를 좋아하는 데 반하여, 다른 한쪽이 재즈나 하키를 좋아하는 것은 결코 문제가 되지 않는다고 생각한다. 그것보다도 중요한 것이 많이 있기 때문이다.

예를 들자면 마음속을 털어놓는 것, 의지하는 것, 서로 나누는 것, 주는 것, 받는 것, 즐기는 것. 괴로움에는 항상 동정하고, 비판이 도움이 될 때는 비판을 하고, 격려하기 위해서 칭찬하는 것. 그처럼 많은 면에서 너와 생각이 일치하는 사람은 이 세상에 그다지 많지 않을 게다. 그러니 한 사람이라도 발견한다면 꽉 붙잡고 놓치지 말아라. 좋은 친구는 얻기 힘든 보석이다.

그와 함께 바람직한 친우 관계를 맺고 유지하기 위해서는 손을 내미는 것, 시간, 동정심, 배려, 한 달에 한 번은 전화를 하는 것, 2개월에 한 번 정도는 점심 식사를 함께 하는 것들이 필요하다. 너무 간격을 두지 말아라. 우정에도 손질이 필요하다. 즉 목장의 울타리를 정기적으로 점검하고 수리하여 소가 도망가지 못하게 하는 것처럼, 우정도 점검하고 찢어진 곳을 수선하여 애써 사귄 친구가 자신의 태만으로 떠나가지 않도록 해야 한다.

사람은 이 세상에서 살아가려면 새로운 친구를 만들 필요가 있다. 그렇지 않으면 바라지 않는 고독을 마음의 친구로 삼아야 할 것이다. 이 세상에는 기지가 넘치고 머리가 좋고 대단히 흥미로운 사람들이 실제로 많단다. 네가 그 모두를 만날 수는 없겠지만, 부디 시간을 내어 많은 사람을 만났으면 한다. 친구들은 의심할 여지없는 인생의 양념이기 때문이다.

나는 새로운 친구들을 만나 대화를 나누고 그 인생에 대한 생각을 들으면 참으로 즐겁다. 이때 그 사람의 생각과 내 생각이 일치하는지는 문제가 아니다. 새로운 친구를 존경한다면 그의 생각도 존중하게 될 테니 말이다. 그리고 상대방도 너와 같은 것을 기대한다. 활발한 토론은 우리의 감각을 갈고 닦고, 두뇌의 힘을 살리고, 여러 가지면에서 삶의 가치를 높여서 풍요롭게 한다.

나는 18세기 사람 사무엘 존슨을 만나고 싶었지만, 유감스럽게도 먼 옛날 세상을 떠났기 때문에, 그의 저서를 통해서 친교를 쌓고 있단다. 그는 인생과 인류에 관해 예리하게 관찰했다. 그보다 대단한 통찰력을 지니고 있었다고 말하는 것이 좋을지도 모르지. 그의 저서는 그가 뛰어난 양식의 소유자였음을 잘 입증해주고 있다.

그는 75세에 세상을 떠났는데, 당시의 평균 수명을 훨씬 뛰어넘는 장수를 한 것은 인생과 인류에 대한 식견이 크게 관련되었을 것이라고 확신한다. 또한 그것이 이 세상에서 그의 삶을 즐겁게 해주었겠지. 우리가 보통 경험하는 것보다 훨씬 즐거운 인생이었을 것이다. 실제로 그는 세상을 떠나기 2년 전에 이런 글을 남겼다.

"우정을 태만과 침묵으로 잃는 것은 현명하다고 할 수 없다. 그것은 이 고통스러운 순례의 여행에서, 가장 큰 위안 가운데 하나를 스스로 버리는 것이다."

너는 반드시 생애에 몇 명인가 훌륭한 친구를 만날 것이다.

물론 너에게는 지금도 몇몇 좋은 친구가 있어 자랑을 하거나 어리석음을 털어놓을 수 있다. 그 사람들은 네가 필요로 한다면 언제나 곁에 있어 준다. 그 인연을 상황이 허락하는 이상으로 중요히 여기기를 바란다. 일, 가족, 취미가 있어도 네가 낙담했을 때 의지할 수 있는 것은 친구뿐이다. 예컨대 인생의 큰 모험을 걸었을 때도 친구들만이 격려해줄 것이다.

다만 내게는 아무리 자랑을 해도, 군소리를 해도 좋단다. 그리고 너도 나에게 마찬가지로 생각해주면 좋겠구나!

- 너의 친구인 아버지로부터

비판을 효과적으로 받아들이자

아들은 어떤 고객과의 문제를 바로잡으려고 했다가 고객에게 심한 질책을 받았다. 아버지는 이 사태를 알기 쉽게 이해시켜준다.

지난주 해리에게 비판을 받은 일의 앙금이 이번 주가 되어서도 너의 얼굴이나 태도에 그대로 남아 있구나. 심리적으로 왜 충격이 컸던 모양이다. 당연한 반응일 수도 있고 그렇지 않을 수도 있지만 어찌 되었든 분명 자존심이 무척 상했겠지.

신이 인간을 만들 때 거의 대부분 사람에게 예민한 신경을 주셨다. 그 때문에 우리의 사기마저도 쉽게 꺾이게 하는 실수를 범하셨는데, 이는 옛날부터 그래 왔고 앞으로도 영원히 그럴 것이다.

비판이란 때로는 결점을 지적하려는 것이 아니라, 너에게 실망을 시키거나 했으면 하는 일을 너에게서 끌어내려 하는 시도에 지나지 않는단다. 그것이 누구인가가 문제이다. 비판의 화살이 뼈 속까지 사무쳐서 며칠, 몇 주나 괴로워하기에 앞서, 그 근원인 비판자에 대해서 살펴보는 것이 현명하다. 그는 항상 타인을 비판하는 사람인가? 의외로 그런 사람이 많다. 그것은 강한 사람과 약한 사람에게서 나타나는 성격적 결함인데, 유감스럽게도 약한 사람에게는 그것이 최대의 관심사가 되기도 하지. 그런 사람은 마음이 좁고 사물에 대한 관심도 깊지 못해서, 인생 전체를 관망하며 좀 더 가치 있는 일을 하려는 생각이 없기 때문이다. 나의 추정으로는, 비판을 해주는 사람의 이야기 가운데 가치 있는 것은 겨우 10퍼센트 정도이다.

다시 말해 나머지 90퍼센트의 비판 동기는 선망, 악의, 어리석음 혹은 이유 없는 무례함이다. 그런데도 네가 너무 고지식하게 고민하면 그 비판은 너의 사기를 꺾어놓을 뿐이다. 비참한 기분에 빠지지 않는 비결은 지금 바로 비판자를 평가하는 일이다. 즉 '그는 존경할 만한 상대인가?'라고 바로 자신에게 물어보아야 한다. 그래서 그 비판이 앞서 말한 90퍼센트 쪽이라면 바로 잊어버려라. 부당하거나 악의가 담긴 비판은 한 번 받아들이면 몇 날이고 날이 밝을 때까지 너의 마음을 괴롭히기 때문이다.

사실 비판은 어떤 무기에도 뒤지지 않는 파괴력을 지니고 있으므로, 제대로 취급하려면 숙달될 때까지 훈련을 받아야하고, 비판을 가할 때도 세심한 주의를 기울여야 한다. 그렇지 않으면 부당하게 사정권 내에 들어온 가련한 사람은 심한 정신적 타격을 받는다. 반면 비판은 극히 효과적인 도구이기도하다. 현명한 비판자가 선의의 마음으로 세심하게 배려하며, 가하는 비판은 사람의 인생을 크게 바꾸어놓기도 한다.

이른바 건설적인 비판은 대개가 매우 훌륭한 방식으로 이루어지기 때문에 받아들이는 쪽이 비판이라는 사실을 거의 알아차리지 못한단다. 따라서 비판은 상대를 올바른 방향으로 인도해주고, 동시에 더 나은 단계로 끌어올려주는 강력한 추진력이 된다. 그러나 깊이 생각하지 않고 비판하면 기대 밖의 결과를 가져온다. 비판이 건설적인가 아니면 파괴적인가, 그리고 상대가 잘못을 바로잡아 앞으로는 좋은 성과를 올리겠다고 결심하게 되는가, 상처를 입고 사기를 잃게 되는가 등은, 종이 한 장 차이에 지나지 않는다. 만약 고용주로서 네가 가한 비판이 직원에게서 후자의 반응을 이끌어낸다면, 그 직원의 능률은 며칠에서 몇 주 동안이나 폭락하겠지. 그러므로 직원이 그 정반대의 반응을 나타내도록 노력하는 것이 바로 너의 임무이다.

사람이 모두 다르다는 것, 각자의 마음이 다르고 성격이나 버릇도 다양하다는 것을 우리는 문득 잊곤 한다. 하지만 신중하게 비판하는 사람은 결코 이 사실을 잊지 않는단다. 어떤 사람의 장미가 다른 사람에게는 가끔 민들레이기도 하다는 것을 알고 있기 때문에, 자기의 의견을 말하기 전에 비판과 비판을 받는 사람에 대해서 꼼꼼히 평가해본다. 물론 직장에서는 바람직한 분위기 속에서 어느 정도 즐겁게 일하는 것이 중요하다. 어떤 사람의 행동이나 태도, 생활양식이 타인에게 불쾌감을 주고 전체의 효율을 떨어뜨린다면 그 사람이 약간의 비판을 받는 것은 당연하지. 다만 그 비판이 당사자에게 최대한 도움이 되는 건설적인 것이 되도록 노력하여라.

앞에서 말한 것처럼 우리는 모두 같지 않고, 대부분은 예민한 신경을 가지고 있다. 그런데 같지 않다는 이유만으로 비판을 받기도 하고, 민감하다 보니 쉽게 상처입고, 때로는 심하게 낙담하기도 한다. 그런가 하면 올바른 비판자가 능숙하고 빈틈없이 유익한 조언을 해주려고 해도 괴로워만 할 뿐. 아무런 효과도 없고 얻는 것도 없는 사람도 있다. 이 가련한 과민 반응의 소유자들은 대부분 고뇌에 가득 찬 인생을 보내게 되는데, 타인의 도움을 받아들이지 못하기 때문이다. 그들에게는 자신의 실수만이 귀에 들리고, 그것을 바로잡는 방법은 한 마디도 들리지 않는단다.

다행히도 비판이 불러들이곤 하는 나쁜 영향의 대부분은 신중하게 내용을 선택하고 표현에 신경을 씀으로써 피할 수가 있다. 만에 하나라도 이를 게을리 하는 사람에게는 누구도 귀를 기울이지 않고, 호의를 갖지도 않으며, 가까이 다가오려 하지도 않겠지. 오히려 이러한 사람은 사원들 속에서 온갖 무언의 저항을 불러일으킴으로써 전체의 효율을 현저하게 저하시킬 것이다. 그러니 이러한 사람을 조심하도록 하여라. 특히 그러한 사람이 경영진에 있는 경우에는 큰 손실을 초래한다.

최근의 경영 관리에서 유행하는 것은 '직무 평가'이다. 이는 1년에 한 번 사원을 불러들여 좋은 점이나 나쁜 점을 말하는 방법인데, 나는 사람의 능률을 그런 식으로 평가하는 것에 반대한다. 인간의 본질에 반하는 일이라고 생각하기 때문이다. 드문 예외를 제외하고 보통 사람은 대량의 칭찬이나 비판은 감당할 수 없다. 그래서 나는 주요 사원에 대해서는 매일 직무 평가를 하고 있다. 좋은 일을 하면 칭찬하고 실수가 있으면 가볍게 주의를 주는 식으로 말이다. 나빴던 점을 1년 동안 모았다가 한 번에 터뜨리는 거창한 직무 평가는 성적표를 생각나게 한다. 그러한 직무 평가는 내가 선호하는 방법이 아니다. 나는 매일 평가하는 것이 좋다고 생각한다. 부하가 오늘 어려움에 처해 있는데 어째서 '평가일' 까지 3개월이나 기다려야 할까?

그에게는 지금 조언이 필요하고, 피할 수 있는 실수를 하루라도 더 지속시키고 싶지는 않다. 게다가 비판은 대량으로 가하는 것보다 조금씩 하는 편이 자존심에도 부담이 되지 않고 훨씬 생산적이라고, 나는 확신한다.

일반론은 이 정도로 하고 최근에 겪은 너의 경험을 분석해 보자. 먼저 너를 비판한 상대를 냉정히 평가했느냐? 그는 네가 귀를 기울일 필요가 없는 90퍼센트의 사람들 중에 들어 있더냐, 아니면 의견을 존중해야 할 10퍼센트의 사람 속에 들어 있더냐? 너는 왜 그가 너를 비판한 것인지 살펴보았느냐? 그의 비판은 그저 흠집내기였을까, 아니면 너를 성공으로 이끌고자 정확한 관찰을 통해 제시한 의견이었을까? 그것은 타당한가 부당한가, 유익한가 유해한가로 대답할 수 있지만 어느 쪽이든 부정적인 결론이 나오면, 그 문제에 대해서 상대와 철저하게 토론해보는 것도 좋다. 하지만 결코 일을 크게 벌이지는 말아라. 자제심을 잃은 언행으로 이번에야말로 비판받아도 마땅한 처지가 되어서는 곤란하니 말이다.

사무엘 존슨도 주의를 주는 것처럼 "비판의 바람이 휘몰아칠 때마다 흔들려서"는 안 된다. 마지막에는 한 조각의 자신감도 추스릴 수 없게 된다. 그리고 헨리 메이저 톰린슨도 말한 것처럼 모든 비판은 주의 깊게 평가되어야 한다.

"허술하고 변변치 않은 비판은 손질이 되지 않는 도시의 하수 시설만큼 중대한 문제이다."

아들아! 선의에서 우러나오는, 타당하다고 생각되는 비교는 기꺼이 받아들여라. 대신 악의가 담겼거나 부당하다고 판단되는 비판은 한 발로 차버리도록. 동시에 그릇된 비판을 하는 상대를 잠자코 용서해서는 안 된다.

아마 너는 평생 비판과 맞설 것이다. 그러므로 젊은 지금. 미리 대처 방법을 익혀두는 것이 좋다. 너에게 모택동의 철학을 너무 불어넣고 싶지는 않지만(그는 돈벌이를 싫어했다), 다음에 제시하는 그의 생각은 훌륭하다.

"대다수의 사람들에게 명확한 기준이 있을 때는 상호 비판이나 자기 비판을 적정한 선에 따라 행할 수 있다."

이들 기준을 사람들의 언동이나 행동에 적용시켜보면 그들이 향기로운 꽃인지 독초인지를 판정할 수 있다.

이 주장의 핵심에 있는 말도 '명확한 기준'이다. 이번에 네가 받은 비판을 같이 검토해보자. 둘이서 생각하면 해리의 말에서 무엇을 배울 수 있을 게다. 동시에 해리에 대해서도 무언가 새로운 것을 알게 될지도 모른다.

- 향기로운 꽃으로부터

자기 지갑 관리도 계획적으로

아들은 아버지에게 회사 돈 5백 달러를 한두 달간만 빌려달라고 한다. 깜빡 잊고 있었는지 무계획적으로 써버렸는지는 모르지만, 아마도 '예기치 못한 청구서'가 몇 개 날아온 듯하다. 아버지는 그것이 별로 유쾌하지 않다.

너는 오늘 아침, 앞으로 60일간을 견디기 위해 회사 돈 5백 달러를 빌리고 싶다고 했다. 네 말에 대한 나의 느낌을 극히 자제하여 표현하자면, 한마디로 입이 딱 벌어졌다. 몇 백만 달러라는 회사의 예산과 매달의 재무제표, 그리고 세밀한 자금 집행을 맡고 있는 네가 (네가 이것들을 모두 상당히 견실하게 처리하고 있다는 사실은 인정한다.) 한 푼도 없다니! 아니 몇 푼이 있다 해도 돈이 모자라 곤경에 처해 있다니!

내가 이 사태를 적어도 부끄럽게 생각하고 있고, 이런 일이 비단 너에게만 있는 것은 아니라고 한다면 다소 위안이 되겠느냐? 실제

165

로 세법을 전문으로 하는 내 친구의 사무소에는 많은 월급을 받는 대기업 관리 직원이 잇달아 찾아와, 세무서 공무원에 의해 감옥에 들어가기 전에 금전 문제를 해결할 수 있도록 힘을 빌리고 싶다고 도움을 청한다고 하더구나. 그렇다고 해도 나는 이해할 수가 없다! 대기업을 관리할 만큼의 양식 있는 사람이 어떻게 자기 지갑을 관리할 능력이 없는 것일까?

이 사람들의 개인 생활에 대해서 회사에서 강제하는 재무 계획이나 제약은 전혀, 또는 대부분 없다고밖에 생각할 수 없다.

많은 사람이 처음 저지르는 실수 가운데 하나는 급여를 소득세 공제 전의 총액으로 생각하는 것이다. 우선 세금을 공제하기 전의 급여를 완전히 잊고, 세금을 제한 후 수중에 들어오는 급여에 의식을 집중하거라. 그런 뒤 매달 정해진 필요경비를 기록하여 미리 월급에서 제쳐두면 그 나머지를 자유롭게 사용할 수 있는 수입이라고 생각할 수 있다. 그러나 이 나머지 돈의 사용 방법에도 두 가지가 있다. 즉 전액을 사용하거나 일부를 저축하는 것이다. 다시 한 번 강조하지만 매월 정해진 경비인 관리비나 주택 부금의 상환, 광열비, 식비 등은 신속하게 지불을 끝내도록 하여라. 나중에 귀찮은 문제에 휘말리는 것은 대개 이런 기본적인 필요 경비 이외의 지출 때문이므로 우선 기본적인 것들부터 해결하는 것이 좋다.

한편 현대의 편리한 제도 가운데 하나가 많은 사람들에게 사실상 저주가 되어버렸다. 바로 신용카드이다. 이것은 충동구매의 주된 원인을 제공하고, 누구나 가끔 과소비라고 불리는 병에 걸리게 만드는데, 사람에 따라서는 그 횟수가 너무나도 많다. 그런데도 소매업자는 매정하게도 이 충동적인 구매를 이용해 "주된 신용카드는 모두 사용하실 수 있습니다."라고 우리가 과소비에 이를 때까지 카드를 쓰게끔 부추긴다.

그러므로 일주일 동안 사용할 현금만을 갖고 다니는 것도 과소비를 막는 손쉬운 방법 중 하나이다. 돈이 눈앞에서 사라져 가는 것을 보면 돈을 써버리기 전에 망설이게 되겠지. 사실 '나중에 지불한다.'는 작은 전표에 아무렇지도 않게 사인하는 것보다 그 자리에서 계산을 해치우는 것이 훨씬 상식적이다.

그리고 주 단위로 다른 용도에 할당한 돈(필요 경비의 지불과 예금을 끝마치고)은 이 작은 플라스틱 카드가 주머니에 들어있지 않으면 훨씬 오래 유지할 수 있을 게다. 미덥지 않다면 시험 삼아 한 달 동안 모든 신용카드를 책상 서랍에 넣어두고 현금만으로 생활을 해보아라. 현금 지불로 여가를 즐기고, 현금이 있는 동안만 물건을 사는 것도 그리 나쁘지는 않다.

현대사회의 사람들을 쥐도 새도 모르게 파괴로 내모는 신용카드 제도에 비하여 자기 파괴의 정도가 아득히 낮다.

현재 네가 돈을 융통하느라 고생하는 것은 액수가 큰 지불 청구서가 겹쳤기 때문이라고 말하지만, 나는 왜 그렇게 되었는지를 묻고 싶구나. 너는 분명히 기억에 없다고 하겠지만.

큰 지불은 큰 문제로 취급해야만 한다. 경제적인 책임을 지기 위해서는 생명 보험료 따위의 1년에 한 번씩 큰돈이 드는 것에 대해서도 지불 기한을 확인하여 미리 계획을 세워두어야 한다.

예금 계좌에 대해서도 이야기하겠다. 예금을 하는 주된 목적은 두 가지이다. 예상하지 못한 지출에 대비하기 위해서(가령 냉장고가 갑자기 망가졌다든가), 그리고 자주 있는 일은 아니지만 매년 반드시 지불해야만 하는 고정자산세, 소득세의 연말 신고액 및 아이들의 수업료 등에 할당하기 위해서이다.

네가 처한 상황에 대비하기 위해서는 매월 주택 대출금을 지불하는 것처럼, 반드시 매월 월급 속에서 예금 계좌로 넣어야 하는 액수를 계산하여 착실하게 쌓아 나가야 한다. 이때의 예금은 고정 비용의 하나라고 생각해야 하는데, 언젠가 날아올지도 모르는 청구서의 지불에 할당한다한다는 용도가 정해져있기 때문이다.

대체로 지금 말한 것들을 실천한다면 주 단위 혹은 월 단위의 단기간은 어떻게든 유지해 나갈 수 있겠지. 하지만 너와 네 가족의 장기적인 경제적 안정을 기대할 수 있을까? 경제적 안정은 보통 주거의 확보에서 시작한다. 나도 자기 집을 갖는 것이 빌리는 것보다 안전성이 높다고 생각하는 많은 사람들과 의견을 같이한다. 물론 예외는 있다. 예를 들면 고용이 안정되지 않은 지역에서는 바로 이사가 가능하도록 유연성을 유지할 필요도 있기 때문이다. 하지만 일반적으로 가장 좋은 방법은 자기의 주거로서 부동산에 투자하는 것이다. 물론 이 경우 공정한 시장 가격을 기준으로 계약금과 매월 대출금을 상환하는데 얼마를 낼 수 있을지 계산해둘 필요가 있다. 그렇게 하면 이 방법은 틀리지 않을 것이다.

그러나 빠듯한 자금으로 집을 구입하다 보니, 대출금을 상환하느라 저축 예금이 매월 한 푼도 없는 사람도 많다. 이럴 경우 병이나 이자의 상승 등 사사로운 일이 가족에게 대참사가 될 수도 있다. 그러한 사태를 피하려면 무리하지 않고 사용할 수 있는 최고의 구입 가격을 계산하여야 한다. 그 틀을 벗어나는 경우에는 하늘의 도움을 기다리는 수밖에 없다.

그런데 주택은 어째서 좋은 투자가 되는 걸까? 현행의 세세로는 다른 투자와 달리 집을 팔았을 때 생기는 자본 이득에 세금이 부과되지 않는다. 본질적으로 제2의 예금 계좌라고 생각할 수 있지. 더욱이 대출금을 상환해 감에 따라서, 혹은 물가가 상승하면서 생긴 구입 가격과 시가의 차에 따라서 집의 실질 소유분은 점점 증가한다. 이의 비교를 위해, 과세되는 다른 투자의 이익률을 계산해보는 것이 좋다. 그러면 너는 세금을 세고 남는 엄청난 순이익률에 분명 놀라겠지. 게다가 주택에 투자를 하면 너는 그 투자를 즐길 수도 있다. 그 아름다움과 따스함은 주식이나 채권에 비할 바가 아니다.

키케로도 2천년 전 이렇게 말했다.

"자기 집보다 기분 좋은 곳이 있을까?"

지금의 너는 언젠가는 65세가 될 되리라고 생각할 기분이 아니라는 것은 알지만, 예전에는 노후를 대비하기 위해 주택에 투자하려고 결심하는 네 나이 또래의 젊은 부부가 적지 않았다는 것을 지적하고 싶구나. 그들은 퇴직했을 때 그 집을 팔고 관리가 쉽고 경비도 싼 아파트로 옮겼다. 그래서 노후의 생활비는 집을 팔고 남은 돈의 이자로 마련했지. 사실 아이들이 모두 성장해 독립했으니 넓은 집은 필요가 없었고, 아파트는 노인이 눈을 치우거나 할 필요도 없고, 여름과 겨울 휴가에 집을 비워두어도 걱정이 없었다. 한마디로 앞을 내다본 세심한자금 계획의 성과인 셈이다. 말할 것도 없이 그 외에도 여러 가지 투자 방법이 있다. 주식이나 채권을 생각한다면 사전에 꼼꼼히 계획할 필요가 있다. 지나치게 보수적으로 들릴지도 모르지만 주식의 신용 구매는 조심하도록 하여라. 주식에는 잃어도 되는 돈만 투자해야 한다. 대금의 일부만 불입한 투자 주식이 하락해서 무일푼이 되기도 하고, 개인적 파산을 면하려고 차액 지불을 위해 대출까지 해야 하는 경우도 있기 때문이다. 그러한 위험은 반드시 피해라. 내가 항상 이상하게 느끼는 것은 매일 주식이나 채권으로 생계를 유지하고, 초심자들에게 무엇을 사면 좋은지 조언하는 사람들의 대부분이 백만장자와는 거리가 멀다는 점이다. 그들이 모든 시간을 들여도 할 수 없는 것을, 우리는 파트 타임으로 갉아먹으면서 성공할 수 있을까?

요즘은 특히 아이가 생기기 전까지 부부가 맞벌이를 하는 일이 많다. 두 사람 분을 합치면 자유롭게 사용할 수 있는 소득이 상당한 액수가 되기 때문이다. 이때 현명하고 자제심 있는 부부라면 한 사람 분의 소득에는 손을 대지 않고, 그것으로 주택의 계약금과 대출금의 상환을 되도록 빨리 끝마치려고 하겠지. 그러기 위해서는 강한 의지가 필요한데, 너도 이미 눈치 채고 있었겠지만, 젊은이들의 대부분은 돈을 은행이나 집에 놓아두고는 견디지를 못한다. 예컨대 겨울 휴가를 남쪽에서 보내거나, 최신형 자동차를 한 대 더 사거나, 주말마다 고급레스토랑에서 식사를 한다. 그들은 가진 돈을 쓰지 않으면 즐겁지 않은 것이다.

착실하게 계획을 세워 그런 즐거움 중 하나 정도는 예산에 짜 넣을 수도 있겠지. 실제 그래야만 할 게다. 생활에는 윤활유가 필요하니까 말이다. 그러나 두 사람이 일하며 매년 가처분 소득을 1센트도 남기지 않고 써버려서는 그 두 사람의 장래에 불안을 느끼지 않을 수 없다. 얼마 후 아이가 생기고 한 사람 분의 소득으로 생활하기 시작하면 호된 충격을 받는 것이 보통이기 때문이다. 경비를 줄이고 생활수준을 낮추는 것은 결코 쉬운 일이 아니고, 기분 좋은 일도 아니다. 즉 즐거움은 우리 생활 속에서 없어서는 안 될 역할을 하지만, 헨리 데이비드 소로가 말한 것처럼 "즐거움에 돈이 들지 않는 사람이 가장 유복하다."

끝으로 네가 트럭에 치이는 등 불의의 사고를 당했을 때에 대비해 가족들이 생활 보호를 받지 않아도 되도록 생명보험을 많이 들어두어라. 당위성이 의심스러워 망설여진다면 아이들을 키우기 위해서 필요한 경비를 다시 한 번 생각해보아라. 상당히 들지 않을까? 그런데 그 사실은 네가 없어도 달라지지 않는다.

너는 회사의 재무를 그처럼 유능하게 관리하고 있으므로 들어야만 할 생명 보험의 금액도 계산할 수 있겠지. 반드시 보통 종신보험을 고르라고 조언하고 싶구나. 납입금에 비해 보험금이 가장 많기 때문이다. 경제적인 안정을 근거로 보험설계사가 권하는 그 외의 각종 상품은 무시하여라. 내가 보기에 보험설계사가 권유하는 투자 계획은 대부분 인플레의 요소가 올바르게 고려되어 있지 않다.

나는 아버지로서 너의 돈 씀씀이를 꼬치꼬치 캐물을 권리도 없고 그렇게 하고 싶지도 않다. 하지만 네게 부탁을 받고 돈을 빌려주어야 하는 경우에 어느 정도의 보증은 필요하다고 생각한다. 그래서 5백 달러를 연 20퍼센트의 이율로 빌려서 매주 10달러 씩 급여에서 공제한다는 뜻의 각서를 동봉하므로 서명해주었으면 한다. 너는 지독한 아버지라고 말할지 모르겠지만, 네가 이 다음에도 '예기치 않은 지출'을 이유로 돈을 빌리고 싶다고 말한다면 이런 조건으로는 끝나지 않을 것이다.

– 너의 단골 개인 금융업자로부터

나는 내가 말한 만큼 화가 나지는 않았다. 토마스 아 켐피스 (1380~1471)의 말로 스스로를 타이르고 있기 때문이다.

"다른 사람이 자기 생각대로 되지 않는다고 해서 화낼 필요는 없다. 자기 자신조차 생각대로 되지 않기 때문에."

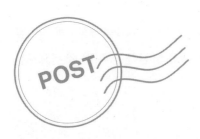

항상 준비하라

아들은 최근의 거래 실적 부진 때문에 동요하고 있다. 이번 좌절뿐만 아니라, 미래에 어떤 역경이 닥치더라도 견디어낼 만큼 이 회사는 준비가 되어 있을까를 걱정한다.

너는 우리의 주요 제품 몇 가지가 경쟁사 제품에 의해 시장에서 밀려난다면 어떤 사태가 벌어질지 걱정하고 있는 것 같구나. 나도 상당히 걱정이 되지만, 우리가 맨 처음 해야 할 일은 군대 용어로 '용의주도한 후퇴'이다.

후퇴의 주요 목적은 그런 상황의 결과 회사가 입게 될 손익계산을 정확히 하고 평가하는 것이다. 우선 손익 계산서에 영향을 미치는 품목의 매출과 판매 원가의 차이를 계산하면 손실을 대강 파악할 수 있지. 이번에는 대충 이익의 20퍼센트 정도를 잃은 모양인데, 이는 바람직하지는 않지만 비참하다고 말할 정도도 아니란다.

이런 경우에는 우선 자기 자신에게 질문해야만 한다. "우리는 장래를 위해서 어느 정도 준비가 되어 있는가?" 하고 말이다. 다행히도 나는 성공의 경험처럼 많지는 않지만 실패의 경험도 몇 번 있으므로 이번에도 폭풍을 극복할 수 있다고 확신한다. 인생에서는 고난을 극복하는 것도 무언가 도움이 된다.

사람을 단련시키고 언젠가 만날 수도 있는 미지의 곤란에 대비하도록 해주는 것도 그 역할 중 하나이기 때문이지. 사실 내가 보기에 사람은 곤란이나 역경에 대처할 때 종종 그 본래의 특성을 발휘하더구나.

우리의 다음 일은 매출의 감소에 상응해서 마케팅 부문에서는 어떤 방법을 취해야 할지 분석하여 실행하는 것이다. 일반적으로 매출이 20퍼센트 저하되었다는 것은 판매비가 높아졌다는 의미이다. 따라서 당연히 영업 요원의 수를 줄이고 남은 사람들로 담당 구역을 재편성해야 한다. 공장에서도 같은 순서를 따를 필요가 있는데, 생산을 축소하면서 몇 명이나 동시에 해고해야 할까?

여기서 다시 한 번 군대 용어를 빌린다면, 사업 경영의 수단으로서 '진지의 재구축'은 성장과 똑같은 전략적 중요성을 갖는다. 사실 내가 생각하기에는, 이 두 가지 가운데 진지의 재구축에 더욱 경영의 능력이 필요하다. 자연스럽게 혹은 기본적인 변화로 부대를 다시 편성하고 다시 처음부터 실제 땅을 탈환해야만 한다는 상황과는 달리, 성공은 보통 붕괴의 위험을 내포하지도 않고, 인내를 강요하지도 않으며, 사람을 자극하지도 않기 때문이다.

우리가 지금 직면한 것과 같은 문제에 대해서 얼마나 방어태세가 잘 갖추어져 있는가는 어느 정도 그 회사의 성장 구조에 달려 있다.

너도 기억하겠지만 우리는 성장 계획을 수립하는 데 앞서 간혹 고정 비용과 변동 비용에 대해서 이야기를 나누었다. 고정 비용은 매출 수준에 상관없이 짜 넣어야만 하는 비용이었다. 즉 토지나 건물의 임대료는 반드시 지불해야 하는 비용이다. 설비의 감가상각이나 은행에서 빌린 대출금의 이자도 마찬가지다. 그러나 변동 비용은 매출과 함께 오르고 내린다. 따라서 우리의 임무는 고정 비용을 재검토하고 무엇이든 실행이 가능한 한 삭감하는 것이다. 그 중 한 방법으로 토지나 건물의 빈 공간을 임대하거나 설비의 일부를 매각하는 것은 어떨까? 또한 현재 관리 부문의 인원은 전원 필요한 것일까? 이런 생각도 할 수 있다. 무엇보다도 다음에 다시 확장 계획을 책상 위에 펼쳤을 때는, 제일 먼저 그 계획이 성공하지 못했을 경우에 투자한 돈을 회수하는 일이 얼마나 어려운지 자신에게 물어보도록 해라. 그것이 방어 태세이다.

나는 나이를 먹어감에 따라, 사람이 아무리 조심스럽게 일상의 문제에 대해 준비해도 어느 모퉁이를 돌아선 순간 반드시 예상치 못한 재난을 만난다는 사실을 실감하게 되었다. 그것이 인생이라는 것인데, 너 역시 끊임없이 눈앞에 기다리고 있는 어려운 문제에 맞설 각오를 하지 않으면 경쟁 상대와 간격을 벌려 나갈 수 없다.

사업 시작 초기에 회사의 나약함과 매주 도산하는 회사의 수에 놀란 나는 경영의 다각화에 온 힘을 기울였다. 사업을 오래 계속해 나갈수록 더욱 다각화를 진척시킬 수 있었다. 나는 누구보다도 이 원칙에 충실했다고 생각는데, 우리가 오늘 1개의 회사가 아니라 7개의 회사를 경영하고 있는 것도 모두 그 때문이다. 혹시 내가 첫 회사에 멈춰 그것을 성장시키기 위해서만 노력했다면 전체적으로 현재 사업보다도 크게 성장했을지도 모른다. 하지만 나는 그렇게 생각한 적이 별로 없다. 나는 다수의 회사가 보증하는 상대적인 안정성을 추구하고 있는데, 하나에서 실패해도 다른 회사에서 가족의 생계를 이어갈 수 있다는 안도감을 느끼고 있다.

사업 세계에서 대비한다는 것은 고난과 역경을 극복하기 위해 필요할 때 자금을 조달할 준비를 한다는 의미이다. 너는 내가 결코 무리한 대출을 하지 말라고 강조한 것을 기억하고 있을 게다. 실제로 아슬아슬한 선까지 돈을 빌리면 작은 불안도 중대한 문제로 부각될 수 있다. 그러니 어려운 일로 자금이 필요할 때 자기의 힘으로 얼마나 조달할 수 있을지를 늘 확인해두도록 하여라. 지금까지 나는 빌리고 갚고 또 빌리고 갚기를 오랜 세월 반복해왔다. 그럴 때마다 '혹시 이 돈을 빌려 전부 써버린 다음날에 상환 능력에 중대한 영향을 미치는 사태가 발생하면 나는 어떻게 살아야 할까?'하고 혼잣말을 했다.

그래서 대개의 경우 나는 빌릴 수 있는 능력의 최고 한계까지는 빌리지 않았다. 이렇게 만약의 경우를 대비했지만 몇 번인가는 대규모 확장을 위해 잔뜩 빌린 적도 있었다. 그럴 때는 부채가 감당하기 쉬운 수준으로 떨어질 때까지, 솔직히 말해서 오로지 기도하는 마음뿐이었다. 그런 점에서 현실적으로는 1달러를 빌리려면 1달러의 자기 자금이 필요하다. 더구나 우리 사업처럼 다각적인 경영으로 자신을 고난과 역경에서 구출해야 할 경우, 할 수 있는 일은 회사들 가운데 어느 하나 혹은 어떤 자산을 매각하는 것이다. 네 본래 목적이 회사의 해체가 아니라 만드는 것이니 괴로운 결정이겠지만 그렇다고 이를 피할 수만은 없다.

사람들은 예로부터 유비무환을 중요하게 생각했다. 보이스카우트의 만국 공통 표어도 '항상 대비하자.'가 아니냐. 그보다도 훨씬 전에 크리스천 보비라는 사람은 "사업을 시작할 때는 대담한 계획을 세우고 강력하게 실행한다. 가능성의 지도를 그리지만 확실한 것으로 여기지는 않는다."고 말했다.

이런 생각으로 무장하면 너는 사업 세계의 무상함에 대처하기 위한 최상의 준비를 한 셈이 된다. 단 어느 정도의 상식을 갖추되 살아 있는 한 무언가를 계속 공부해야 한다.

– 파산 선고에서 너를 지키는 최고의 보호자로부터

스트레스와 건강

아버지는 아들에게 '스트레스와 건강'을 주제로 한 세미나를 소개하는 팸플릿을 건네주며 참가를 권유하지만, 스트레스 이론에 회의적인 아들은 탐탁지 않게 여긴다.

사람이 젊었을 때(사람에 따라서는 나이를 먹은 후에) 얼마나 자신의 건강에 신경을 쓰는지를 가장 적절하게 표현한 사람은 아마도 볼테르일 게다. 그는 18세기에 "일반 상식이라는 것은 그다지 일반적이지 않다."고 말했는데, 실제로 사람들은 자기 몸이 건강한 것은 당연하다고 생각한단다. 그래서 아무렇지도 않게 상처 입히고 혹사시키는가 하면, 소홀히 다루는 것이 보통이다. 아마도 조물주가 우리를 원래 섬세하게 만들어주셨다는 사실을 이해는 하지만, 감사하지는 않기 때문이겠지.

그러한 우리의 일반적인 행동을 몇 가지 생각해보자, 우선 한 시간에 두세 번 규칙적으로 폐와 혈관에 타르와 니코틴을 밀어 넣는다. 게다가 산업 오염, 자동차 배기가스 및 그 외의 인공 악취에 폐가 알아서 견디기를 기대한다. 또한 소화기 계통이 발작을 일으킬 정도로 많은 양의 음식을 섭취한다. 산처럼 쌓인 프렌치 프라이, 기름기 많은 햄버거, 설탕을 삽으로 퍼 넣은 듯한 디저트 등은 분명히 맛있는 음식이지만, 유감스럽게도 너무나도 빈번하게 주입되는 바람에 과잉 연료에 부담을 느낀 몸은 완전히 질려버린다.

우리는 이렇게 20파운드의 남아 주체하기 힘든 짐을 지게 되는데, 심장을 비롯한 순환기 계통이 하루 종일, 물론 무료로 그것을 운반하기를 기대한다. 그뿐이냐? 담배, 프렌치 프라이, 디저트에 온 힘을 기울인 후, 저녁이 되면 오후에 치른 희생의 대가로 특별 서비스를 받아도 좋다고 생각하면서 캔 맥주를 한두 박스, 혹은 위스키를 반 병 정도 비우면서 밤을 보내지. 그리고 당연한 보수라는 듯 마리화나 한 대 또는 코카인을 한두 번 흡입하는 것으로 하루를 끝맺는다.

너무 과장되었다고? 어쩌면 너는 보통 사람의 일상적인 하루가 이 정도까지 극단적이지는 않다고 말할지 모른다. 물론 그렇지 않을 수도 있지. 하지만 여기에서 말한 담배, 내용이 빈약한 식사, 비만, 술, 마약, 그 어느 것 하나만 도가 지나쳐도 몸으로서는, 왜 이 사람은 자살을 하려는 것일까 하고 생각할 게다. 내가 관찰한 바로는 대부분이라고는 할 수 없지만 상당히 많은 사람들이 이 다섯 가지 중의 평균 세 가지에서 네 가지를 매일 즐기고 있더구나.

네가 이른바 '스트레스 이론'에 회의적인 것은 알지만, 참고 듣기를 바란다. '스트레스'는 인류의 창조 이래 존재하는 일상생활의 한 요소란다. 사람은 스트레스가 무언가 새로운 것이라 생각하기 쉬운데, 사실은 동굴에 살던 원시인도 커다란 사냥감을 몽둥이로 때려잡을 때는 스트레스를 느꼈고, 오늘날에 이르기까지 몇 백만이라는 사람들이 경험한 것처럼 굶어 죽을 때에도 스트레스를 느끼지 않을 수 없었다. 하지만 과학자가 스트레스를 병의 한 징후로서 포착하고 조직적으로 연구하게 된 것은 20세기에 이르러서였다. 이 분야의 일인자이자 용어를 확립한 캐나다 연구자 한스 젤리에 박사는, 스트레스가 병을 일으키는 요인이라고 진단하면서도, 바람직한 스트레스는 심신의 기능을 정상으로 유지시키는 데 빼놓을 수 없는 요소라고 말한다. 유해한 스트레스가 너무 많으면 물론 건강을 해치지만 말이다.

그러나 담배, 음주, 유해한 식품, 비만, 마약이 주위에 넘치고 일반적으로 받아들여지고 있는 현대 사회에서, 무엇보다도 고마운 하늘의 은총인 건강을 추구하는 것이 결코 쉽지만은 않다. 건강한 생활 습관을 유지하거나 되찾기 위해서는 강한 의지가 필요한데, 악습에 젖어 있는 경우에는 더욱 그렇지. 그러니 너는 젊었을 때 다음과 같은 상황을 알아두었으면 한다.

어떤 생명 보험 회사는 장수의 요인을 어떻게든 찾아내려고(보험료의 지급 계획을 재조정하려는 목적으로) 백 세 이상의 노인 상당수를 조사를 했다. 이 사람들이 어떻게 해서 그토록 고령까지 살고 있는가를 알기 위해서였지. 하지만 뜻밖에도 아무것도 얻을 수 없었으며, 단지 하나의 기본적인 원칙에 이르렀을 뿐이다. 즉 일, 놀이, 식사, 음주 등 모든 것을 적절하게 하는 것이었다. 그들은 분명 지나친 습관과는 아무런 관계가 없는 사람들이었다.

이쯤에서 설교는 그만 하라고 말하겠지. 하지만 스트레스가 많은 현대 생활에 대해 이미 중독 증상을 일으키고 있는 사람들은 어떻게 대처하면 좋을까? 처방전을 몇 가지 쓸 수 있다. 더욱이 그 대부분은 스스로 조제할 수 있는 간단한 처방인데도 어째서인지 학교에서는 아직 가르치지 않더구나.

스트레스를 전문으로 다루는 심리학자는 그것에 대항하고는 사람들을 여러 방면에서 지원할 수 있다. 그러니까 본인이 매일 몇 분씩 기본을 연습하기만 한다면 기초적인 방법을 쉽게 이해하고 응용할 수 있다. 먼저 두뇌는 우리의 몸속에서도 그다지 활용되지 않는 기관 중 하나이다. 다시 말해 간장, 심장, 폐, 그리고 입이 자신도 모르게 너무 많은 일을 하는 것에 비해, 두뇌에는 좀처럼 한계에 가까운 능력이 요구되지 않는다. 그러나 뇌 세포를 움직이면 일상의 작업뿐만 아니라 정신적으로도 편안해지고, 스트레스나 긴장을 풀기 위한 강력한 지원도 얻을 수 있다.

기본 목표는 문제에 대처하기 위해서 두뇌의 여력을 뜻하는 만큼 끌어내는 방법을 개발하는 것인데, 우선 편안한 상태에 도달해야 한다. 이 편안함 혹은 텅 빈 상태에 이르기까지 며칠 혹은 몇 년 동안이나 두뇌를 번거롭게 했던 잡다한 상념을 제거해야 한다. 두뇌가 '안정'을 되찾으면 그 다음에는 하나의 문제에 집중한다. 명심할 것은 반드시 한 번에 한 가지여야 한다. 바꿔 말해 문제의 해결을 위해 가장 적합한 상태를 획득하기 위해서, 처음에는 전문가의 도움이 필요할지도 모른다. 그러나 얼마 지나지 않아 그것이 극히 단순한 기술임을 알게 될 게다.

너무나도 간단한 스트레스 해소 방법이다 보니 왜 이것을 읽고 쓰기처럼 학교에서 필수 과목으로 정하지 않는지 이상하게 생각되겠지. 그렇게 하면 술, 신경 안정제, 코카인 등의 매출이 급감하고 훨씬 건강한 사회가 될 텐데 말이다.

우리는 모두 본래부터 개인으로서의 정신과 개인으로서의 선택권을 갖고 있다. 그런 만큼 자기의 인생을 어떻게 살 것인지는 스스로가 결정해야 한다. 이때 세 가지의 선택 방식이 주어지는데, 자신의 스트레스를 무시하든지, 한탄하든지, 적절히 대처하는 것이다. 어떤 것을 선택하는가는 너의 자유이다.

너는 다시, 인생의 또 다른 본질적 요소인 책임의 문제에 대해서도 스스로 결정할 자유가 있다. 즉 책임을 받아들이거나 회피할 수도 있는데, 그 결정 또한 너만의 특권이다. 하지만 내 경험에서 말하자면 매일 책임을 받아들이는 사람이 그렇지 않은 사람보다도 이 지구에서 행복한 세월을 보낼 공산이 훨씬 크다. '받아들이지 않는 사람'은 인생을 영위한다기보다는 비틀거리며 걷는다고 말할 수 있겠지.

이런 이야기가 너에게는 귀찮게 들릴 게다. 30년 전에는 나도 분명 그렇게 느꼈으니 말이다. 너도 나이를 먹어가면서 차츰 알게 되겠지. 유명한 영국 수상 벤자민 디즈레일리도 예전에 이렇게 말했다.

"국민의 건강이야말로 국민의 행복과 국력의 기초이다." 다른 식으로(내 식으로) 말하자면 "사람의 건강은 행복의 기초이고, 직원이 우리의 사업에서 타고난 능력을 발휘하기 위해서는 건강과 행복 모두가 갖춰져야 한다."는 것이다.

앞서 말한 이유로 나는 너에게 스트레스에 관한 세미나에 참가하기를 권유한다. 주의 깊게 듣고 마땅히 해야 할 행동을 취한다면 너는 20년분의 신체 소모를 막을 수 있을지도 모른다. 그것은 내가 이 문제에 관하여 무지했기 때문에 손해를 본 햇수이기도 하지. 건강에 대해 메난도로스는 기원전 300년에 "건강과 지성은 이 세상에서 주어진 두 가지의 은혜이다."라고 말했다. 문제는 네가 건강에 마음을 쓸

만큼 지성의 혜택을 받고 있는가 하는 것이지. 끝으로 내가 생각해낸 상당히 효과적인 의식이 있어 하나 소개하마. 네가 바람직하다고 생각하는 타인의 성격의 특징을 적어(4개 이상 8개 이하), 매일 그것을 읽고 자기는 어떤 사람이 되고 싶은지를 생각하는 것이다. 네가 쓴 특징 가운데 유머, 인내, 도전에 맞서는 용기, 확신, 고결한 품성, 우정, 책임감, 정신적인 여유 등이 몇 개라도 들어 있다면 제일 먼저 환호성을 지르는 것은 나일 게다. 나는 이러한 특징에 끌리기 때문이다.

정리하자면 스트레스에 대처하는 나의 처방은 이렇다. 편하게 함으로써 두뇌를 깨끗이 비운 상태로 유지시킨다. 맑은 마음으로 한 번에 하나의 문제와 씨름한다. 그것을 항상 실행한다. 내 생각으로는 행복이란 성취감이다. 너도 그렇게 생각한다면 유해한 스트레스를 되도록 억제하면서 목적에 이르도록 이 방법을 실행해 보거라.

이 외에도 하나 더 내가 좋아하는 좋은 처방이 있지만, 시간과 상황의 제한으로 유감스럽게도 평소에는 잘 활용할 수 없단다. 낚시와 인적 없는 다른 세계! 이것도 심신에 훌륭한 효과를 가져 온다(세미나가 끝난 후 함께 휴가를 갈 수 있도록 일정을 잡았다. 그때까지는 언제나처럼 스포츠 센터에서 트레이닝에 힘쓰고, 보트의 모터를 다룰 수 있도록 몸을 관리해 두어라. 특별히 너에게는 보트를 짊어지게 할 생각이므로 각오하기 바란다).

건강과 자유로운 하루가 주어지면 '제왕의 영화도 바보 같다.'는 생각이 들 정도로 행복해진다. 내가 이렇게 말하고 싶었는데 랠프 왈도 에머슨에게 선수를 빼앗기고 말았구나.

　　　　　　　　　 - 함께 건강을 지키려는 낚시 친구로부터

우수한 지도자의 조건

아들은 업계의 동종 업계 단체장으로 추대되었지만, 서른다섯이라는 나이로는 아직 이르다고 생각하고 있다. 그런 아들에게 아버지는 지도력에 대한 몇 가지 견해를 피력한다.

네가 최근 동종 업계 단체의 회장으로 추대 받았다고 들었다. 축하한다. 젊은 나이에 명예스럽게도 쟁쟁한 회원들 속에서 선택받았구나. 그러니 만큼 뛸 듯이 기뻐해야 함에도 너는 별로 그렇지 않은 것 같다. 너는 그러한 단체를 이끌어 가기에는 너무 젊다는 사실에 불안을 느끼는 모양인데, 그에 대해서 너와 이야기를 나누고 싶다. 전임자가 너보다 훨씬 나이가 많았다고 해서 네가 유능한 지도자가 될 수 없다는 것은 말이 안 되겠지. 우리끼리 이야기이지만 과거 회장 중에는 암소를 목장까지 끌고 갈 수도 없는 사람이 몇 명 있었다. 그들은 업계 친구들의 호의만으로 선출된 사람들인데, 그로 인해 임기 중에 업계가 불리한 입장으로 빠진 적도 꽤 있었다.

물론 그 지위에 앉게 되면 이미 폭발 직전인 너의 업무량이 더욱 늘어나겠지. 회사 일에서 손을 뗄 수는 없기 때문이다.

하지만 나는 그런 업무량의 증가나, 나이에 관한 불안은 크게 문제되지 않을 것이라고 생각한다. 중요한 것은 네가 거기서 얻는 경험이다. 그렇게 보면 오히려 젊을수록 좋은 일을 할 수가 있다. 사실 지금은 젊다는 것 자체가 힘이 된다. 그러니 지금이야말로 여분의 일을 맡을 시기란다. 건강과 정력과 의욕으로 넘쳐나고 있기 때문이다. 지도자는 선천적으로 지도자의 자질을 갖추고 있다고 말들 한다. 분명히 그런 경우가 많긴 하지만, 회장의 임무를 받아들이기로 결심했다면 학습을 통해 지도자가 되는 사람도 결코 적지 않다는 사실을 잊지 말아라.

실제로 사람들은 배움을 통해 회계사나 의사, 변호사 혹은 인디언 추장이 된다.

한편 뛰어난 지도력은 사람들과 의사소통을 하는 일에서부터 발휘된다. 사람들과 친밀한 관계를 유지하고 새로운 관계를 맺고, 사람들이 너의 노력에 호응하도록 해야 한다. 너의 생각에 자신의 우수한 생각을 결합시키고 그 실행 방법을 생각해내는 믿음직하고 혁신적인 사람들을 고를 필요가 있는데, 이것이 바로 1단계이다.

그러한 간부들을 고른 다음에는 대처해야 할 모든 문제에 대해서 감각을 키우거라. 그러기 위해서는 문제를 하나도 남김없이 적어두고, 각각의 배경에 대해서 조금 덧붙여 기록하거나 하루나 이틀 관계자 전원을 모아서 하나씩 철저하게 검토한다. 이러한 회의 뒤에는, 아득한 머리 속에 여러 가지 생각과 전략들이 들끓어 혼란스럽겠지만, 이때에도 2~3일 시간을 두면서 우선순위를 결정하고 보고서를 작성해라. 이것이 2단계이다.

끝으로 우선순위는 대담하게 결정하도록. 언제나 과감하게 사람들의 선두에 서야만 한다. 그것이 지도자이다. 그리고 계획을 세울 때는 너의 팀원 중에서 누가 각 분야의 적임인가를 고려해라. 계획에 따라서는 특별위원회를 설치해야 할지도 모른다. 참고로 이때 주의를 게을리 하면 비참한 실패로 끝날 수도 있다.

위원회 조직의 가장 중요한 요소는 당연히 일을 추진하는 위원장인데, 위원장의 명함은 탐을 내지만 위원회의 사명을 다하는 데는 아무 도움도 되지 않는 사람이 적지 않다. 가능하다면 이러한 사람은 처음 임명할 때 무슨 일이 있어도 피해야하지만, 불행히도 선출된 위원이 어떤 실수를 범하면(아무리 우수한 지도자도 실수는 있다) 지체 없이 물러나게 하여라. 특히 자기의 일이 바빠서 동종 업계 단체의 임무를 소홀히 하는 사람에게는 분명히 말해주는 것이 좋다. 그것이 상대에게 베풀 수 있는 친절이다. 그것을 구실로 체면을 잃지 않고 빠져나갈 수도 있기 때문이다.

또한 위원을 선택할 때는 경험을 중요시하도록 해라. 운 좋게도 경험이 풍부하고 행동력이 있는 사람 네다섯 명을 주요한 지위에 앉힐 수 있다면 아마 임무를 다하지 못하는 일은 없을 게다. 필요할 때마다 그들이 폭풍 속에서 너를 이끌어줄 것이기 때문이지. 그러나 아버지의 욕심으로는, 너는 꼭 훌륭한 지도자로서 신중하게 발언하며(부디 너무 말을 많이 하지 않도록), 해야 할 일은 반드시 하는 등 누구에게도 뒤지지 않는 행동력을 보여주어 새로운 모범을 제시하리라 믿는다.

그럼에도 너는 몇 가지 어려운 문제에 직면하겠지. 하지만 이것은 찰리에게, 저것은 프레드에게, 그리고 저것도 존에게 시키면 된다는 식의 생각은 하지 말거라. 모두 함께 맞서지 않으면 아무것도 시작할 수 없다. 물론 책임을 맡기는 경우에는 그 범위를 명확하게 해야겠지. 어떤 곤란을 겪더라도 자기가 내려야 하는 결단을 회피하여 특별위원회 위원장에게 떠밀어서는 안 된다. 앞서 말한 것처럼 어떤 의사 결정에건 모든 문제에 대해서 감각을 포착하고, 다루기 힘든 면을 충분히 이해한 후, 결재 도장을 찍어야만 한다. 그러기 위해서는 때에 따라 타인의 의견에 등을 돌려야만 하는 일도 있을 게다. 하지만 지도자로서 임무를 다하려면 이런 씁쓸한 사태를 피할 수는 없는 일이다.

너는 다시 일어서기도 힘든 패배도 몇 번 맛볼 것이다. 그러나 그런 과정 속에서야말로 한층 더 빠르게 경험을 쌓을 수 있단다. 물론 순간순간 마음 편하게 밑에서 일하는 사람으로 돌아가고 싶다는 생각을 할지도 모른다. 바꿔 말해 업계 전체가 지켜보는 가운데 실패를 한다! 부끄럽겠지. 지도자로서 성공하는가 좌절하는가가 바로 여기에서 결정되니까 말이다. 사실 모든 것은 이러한 실패에 어떻게 대처하는가에 달려 있다.

즉 우선 실패를 인정하고, 다음으로 왜 그러한 실패를 했는지 분석하고, 세 번째로 그 사실을 회원에게 설명하고, 네 번째로 책임을 다해야 하는데, 절대 겁을 먹고 구석으로 숨어들어서는 안 된다. 과장되게 낙담해서도 안 된다(동정을 구하는 것은 리더로서 바람직한 행동이 아니다). 그리고 부디 의욕을 잃지 말아라!

너는 팀을 움직일 때 비로소 지도자로 인정받을 것이다 뛰어난 리

더 역시 모범을 보임으로써 모두를 이끌고 나간다.

예를 들어 네가 5분이라도 노를 잡은 손을 놓고 쉰다면 다른 사람들도 그렇게 할 것이다. 그렇게 되면 너도 모르는 사이에 그때까지 쌓아올린 모든 것이 바다 속으로 무너져 내릴 게다.

따라서 네 자신을 비롯하여 관계자 전원에게 뛰어난 지혜, 신중한 계획 그리고 최대한의 노력을 요구하여라.

덧붙여, 모든 문제에는 두 가지 측면이 있으므로 반드시 두 귀로 들어야 한다. 우리는 누구나 모든 문제에 대해서 모든 면을 상세하게 파악할 수는 없지만, 회장의 귀나 마음이 완전히 꽉 닫혀 있어 좋은 생각이 싹트기도 전에 매장되는 경우도 가끔 있다. 실제로 회장으로서 잘못된 특징 가운데 하나는 결과에 대해 선입견을 갖는 것이지.

또 적극적으로 나서서 어떤 제안도 공평하게 다루어라. 네가 모든 사실을 파악하고 그 의미도 이해하고 있다고 확신하면, 결심을 바꾸지 말아라. 우유부단한 태도는 금물이다. 각종 위원회의 회의에 인내력을 갖고 참가하여 주의 깊게 들어 보면 대부분의 경우 자연스럽게 타당한 의사 결정을 내릴 수 있을 것이다. 그다지 명석한 두뇌가 아니더라도 저절로 답이 떠오른다. 난제에 부딪쳤을 때 과감하게 뛰어들어 악전고투 끝에 올바른 의사 결정에 이르렀다면, 그때 얻을 수 있는 것만큼 커다란 만족감은 없다. 상황의 변화에 따라 필요에 쫓길 때는 결심을 바꿀 수 있을 만큼의 유연성을 유지하면서도 확신으로 가득 차 있는 것도 우수한 지도자의 특징이다.

아마도 너는 자유 시간의 상당 부분을 이 임무를 다하기 위해 투자해야 하겠지. 그러려면 가족에게도 적지 않은 영향이 미치게 될 테니 아내를 저녁 식사에 불러내서 충분히 설명하는 것이 좋다. 그때는 네가 친구에게 받은 명예나 의미 있는 경험, 그리고 무엇보다도 힘든 일과 맞붙어 그것을 극복했을 때 얻을 수 있는 개인적인 만족감에 대해서도 설명해야 하는데, 삶의 보람이 될 만한 것을 얻기 위해서는 우선 무언가 힘든 일을 해야 하는 것이 이 세상의 상식이다.

너의 성공 여부는 회장으로서의 임기가 끝난 후, 네가 시작해놓은 일이 얼마나 지속되는가에 따라 측정될 것이다. 그러므로 동료가 네 노력을 칭찬해주면 고맙게 받아들여라. 사람의 성격은 대부분 찬사를 받을 때의 태도에서 드러난다.

네가 회사에서 풀타임으로 일할 수 있을 때까지, 너는 나를 포함하여 업계 모두를 위해서 막대한 시간을 그곳에서 무급으로 일하게 되는 것이다. 그런 점에서 나는 동종 업계 단체의 회장으로서 임기를 끝마치고 보잘것없는 부사장의 위치로 돌아오게 될 너에게, 상실감을 위로하는 의미에서 20퍼센트의 승급을 약속한다. 네가 얻는 경험과 정보 교환 기술, 인맥, 게다가 업계 전체에 대한 지식을 생각하면 그 정도 가치는 당연히 있을 테니 말이다.

— 너에게 감사하고 있는 동종 업계 단체의 회원으로부터

생활의 균형을 유지하자

이제 아들은 사장에 임명되었다. 이른바 일인자라는, 염원하던 지위를 손에 넣었는데.,. 그 이후 업무 시간이 이전과는 비교할 수 없을 정도로 늘어났다. 아버지는 새로운 사장의 부지런한 모습을 인정하면서도 몇 가지 생각을 말한다.

최근 네가 회사나 단골 거래처에서 보내는 시간이 상당히 많아졌구나. 이는 이전에 출근이 귀찮아졌을 정도로 일에 흥미를 잃었던 시기를 생각하면 매우 바람직한 현상이다.

우리의 여러 회사가 지속적으로 순조롭게 경영되려면 그 정점에 서는 사람이 다른 사람보다 더 많이 일해야만 한다는 것은 자명한 사실이다. 그러나 모든 것을 혼자 처리할 수는 없다는 점도 잊지 말아라. 시간이 없기 때문이기도 하지만 회사는 많은 사원의 다양한 능력을 필요로 하기 때문이다.

우수한 조직을 갖추기 위해서 사장은 무엇보다도 회사의 모든 부문에 훌륭한 인재를 배치해야만 하는데, 우리의 경우 그것은 이미 실행되고 있다고 생각한다. 그 다음으로 중요한 사장의 임무, 즉 너의 임무는 의사 전달이다. 너와 경영진, 너와 고객, 너와 사원 사이에 원활한 의사소통을 도모하는 일 말이다.

시간의 배분만 적절하다면 너는 이런 임무를 일주일에 20시간으로 완수할 수 있단다. 남은 20시간은 경영 세미나 참가, 공장의 새로운 설비나 특수 설비 선정, 신제품 고안, 다음 성장 계획 입안 등 새로운 과제에 자유롭게 할당할 수 있지. 많은 사람들이 2인자로서는 훌륭하게 그 임무를 다하지만, 거의가 매우 단순한 이유로 2인자에 머물러 있게 된다. 1인자의 임무에 필요한 자질이 부족하기 때문이다. 자존심에 끌려 자기에게는 걸맞지도 않고 너무나도 무거운 짐이 되는 사장이라는 지위를 이어받고 좌절하는 사람도 적지 않더구나.

1인자의 자리에 서는 사람으로서 능력을 발휘하기 위해서는 시야가 넓어야 하는데 그것을 익힐 수 있는 기회를 얻기는 쉽지 않다. 너도 알고 있겠지만 나는 지금까지 네가 싫어하는 몇 가지 일을 시켜왔다. 그것에는 모두 목적이 있었는데, 너의 시야를 넓혀 폭넓은 사고를 촉진함으로써, 네 실력으로 사장이 되어주기를 바랐기 때문이란다. 이제 그날이 와서 너는 새로운 임무를 부여받았으므로 부디 바라건대(나는 더 이상 너에게 명령할 수 없다.) 함께 시작한 일을 계속 이어나갔으면 한다. 다시 말해 세상의 움직임과 보조를 맞추면서 모든 기회를 살렸으면 한다. 네가 그렇게 하지 않는다면 우리 회사가 앞으로도 번영하고 경쟁력을 유지할 수 있으리라는 기대는 버려야 하겠지.

지금까지 네가 회사에서 승진하는 동안에 우리가 함께 검토하고 추구해온 문제 몇 가지를 생각해보자.

너는 대학에 입학했을 때 경영학 관련 과목만을 이수할 생각이었다(물론 술도 마실 작정이었다). 그러나 기억하고 있겠지만 얼마 지나지 않아 너는 교양의 폭을 넓히는 것이 현명함을 깨닫고, 재무 관계의 공부와 함께 경제학, 정치학, 산업관계학, 영어, 역사. 게다가 천문학을 배웠다. 그 결과 졸업했을 때는 재무제표를 정리하거나 분석하는 능력 이외에도 다양한 지식이 네게 축적되어 있었다.

그리고 오랫동안 시험에 쫓기면서 책에 시달린 탓인지 졸업하면서 책은 이제 그만이라고 생각했겠지만, 상사는(나 말이다) 너의 책장에 몇 권의 책을 꽂아주고 읽을 것을 권했다. 그러니까 너의 중요한 교육의 일면은 이렇게 이어졌다. 헨리 데이비드 소로는 이렇게 물었다.

"한 권의 책을 읽음으로써 얼마나 많은 사람이 생애의 새로 운 시대를 맞이하게 되었는가?"

너 또한 한 권의 책을 읽음으로써 네 인생의 새로운 시대를 맞이하고 그 책을 끝마치며 하나의 인생을 끝냈다. 어느 책이든 오늘날의 복잡한 사회 속에서, 극히 소수의 사람만이 애써 알려고 하는 측면을 밝히고 있기 때문이다. 예를 들어 너는 클로드 홉킨스가 1924년에 쓴 『광고업계에 산다』를 통해 기업가 정신의 모든 면을 배웠을 때 느낀 감격을 기억할 것이다.

그 후 우리는 여행을 했다. 그때 나는 네가 스무 살쯤 시작한 외국 여행으로 느끼는 흥분을 즐겁게 지켜보았고, 외국의 풍속이나 습관에 대한 감상을 듣거나 질문에 대답했다. 그리고 20년 후에 네가 외국인 사업가의 사업 방식에 나타내는 흥미, 면밀한 관찰과 분석을 지켜보는 일은 그 이상으로 즐거웠다. 너는 언제나 무언가 새로운 것, 우리의 효율을 높이는 새로운 방법을 배우려 해왔다. 그런 너에게 외국은 이미 미지의 세계가 아니었다. 그와 함께 우리는 어떤 분야에서 다른 사람들이 우리보다 앞서 있다면 그 이유를 알려고 했고, 어떻게 하면 그들처럼 할 수 있을지 관심을 보였다.

여행은 항상 인간에 관한 너의 지식과 이해의 심도를 높여주었다. 인간이야말로 사업 경영의 기본이며, 고객과 사원이 없다면 우리에게 무엇이 가능할까? 여행은 사업 경영을 위한 너의 지식도 넓혀주었다. 우리의 화학품 수입 회사를 위해 세계의 여러 사람들과 접촉하면서, 너는 자신의 뒤뜰에 안주하기보다 더 넓은 세상으로 사업을 확대하는 방법을 배웠다.

우리는 카누를 타면서 경영 회의를 하여 많은 결실을 맺은 경우도 몇 번 있었는데, 뜻하지 않게 기뻤던 것은 네가 어머니와 같은 대자연을 좋아했다는 사실이다. 나는 너와 그 즐거움을 한껏 나누었다.

언젠가 그러한 여행 중에 내 나름대로의 문제 해결 방법을 너에게 말한 적이 있다. 좀처럼 결심이 서지 않아 꽉 막히면, 그 문제에 관련된 사실을 모두 네 마음에 맡기고 한동안 내버려두어라. 카누를 젓고 물고기를 잡고 사냥감을 쫓는 동안 시간이 흐르면서 저절로 생각이 정리되고 하나로 모인다. 그것이 마치 눈에 보이지 않는 개인용 컴퓨터를 가지고 있어서, 무언가를 하고 있는 동안에 이미 실행시켜놓은 작업이 의도대로 진행되도록 프로그램을 짜놓은 것과 같은 원리란다. 실제로 문제는 언제나 훌륭하게 처리되었으며, 낚시나 사냥 여행이 끝날 무렵에는 대부분 문제의 해결책이나 행동 방침이 결정되었지. 다르게 표현하자면, 그것은 종종 나타나는 직관적인 해결인데, 이런 방식으로 답을 얻기 위해서는 조용한 자연의 집무실처럼 도움이 되는 곳도 없다. 그런 만큼 나에게 자연은 이 세상에서 가장 좋은 경영 고문이다.

나는 네가 지금까지 오랫동안 새로운 친구를 만드는 한편 고등학교나 대학 시절의 친구와도 연락을 유지하는 것을 기쁘게 생각한다. 내가 우정에 얼마나 가치를 두고 있고, 즐거움이나 슬픔을 나누고, 서로 돕고, 서로 상담하고, 서로 자극하는 친구를 갖는 것을 얼마나 중요하게 생각하는지는 너도 잘 알 것이다.

즐거운 가정생활을 보내는 너의 모습은 보기만 해도 뿌듯하다. 언제까지나 그 모습을 유지했으면 한다. 다행히도 너는 지금까지 가족과 함께 보내는 시간을 잘 배분하여 왔다. 대개 출세의 계단을 오르는 사람은 자기가 사랑하고 자기를 사랑해 주는 사람들에게 인내를 요구하는 경우가 적지 않고, 부인과 자식은 그러한 가장의 보조를 맞추느라 정신이 없다. 사실 아이들을 위해 시간을 할애하지 못하는 아버지가 너무 많은 것은 슬픈 현실이지. 그렇게 볼 때 수많은 젊은 이들이 때로는 믿을 수 없을 정도로 어린 나이에 마약과 술, 그리고 온갖 불건전한 습관에 빠져 있는 것도 이상하지 않으며, 학업을 중도에서 방치하는 사람이 많은 것도 당연하지 않을까? 즉 자신이 어떻게 되든 신경 써주는 사람이 없다고 한다면 무리가 아닌 현상이란다. 성공한 사람들은 과거로 돌아가 '자신의 성공을 위해서 가족이 치른 희생을 지울 수는 없을까.'하고 생각하는 경우가 있다. 여기까지 생각이 미친다면 사업에 임하는 자세가 달라지겠지.

그래서 나는 더욱 절실하게 느낀다. 기회가 있을 때 아이들 을 낚시에 데리고 가는 일보다 중요한 것은 이 세상에 많지 않다고! 아주 어렸을 때부터 시작하도록 하여라. 목적은 낚아 올릴 물고기가 아니라, 아이들과 다정하게 보내는 한때란다. 너와 아이들 사이에 정을 나누기 위한 시간 말이다. 가족에 대한 애정은, 가끔 현명하다고 말할 수 없는 고통스러운 인생을 선택하는 젊은이를 가로막을 수 있다. 항상 친구로 곁에 있는 아버지를 걱정하게 하거나 실망시키지는 않을 테니 말이다.

젊은이는 인생의 자극을 필요로 한다. 너 역시 카누를 타고 급류를 내려가거나 열여섯 살에 비행기 조종을 배우면서 그것을 느꼈을 것이라 생각한다. 너의(그리고 나의) 모험은 가끔 가련한 너의 어머니를 졸도할 만큼 놀라게도 했지만 말이다.

취미도 중요한데, 머리는 가끔 바람을 쐬고 휴식을 취해 주지 않으면 효율적으로 움직이지 않는다. 그래서 일만을 생각하면 머지않아 전부 타버린다. 즉 생활의 균형을 유지한다는 것은 취미나 스포츠(네가 즐기는 스쿼시는 마음의 긴장을 풀고 건강한 육체를 유지하는 데 최적이다.)를 즐기는 시간, 그리고 가족과 보내는 시간을 매주 배정하는 것을 의미한다. 이런 생활의 균형을 유지하는 경영자는 쉽게 패배하지 않는다. 그런 사람은 업무에도 합리적이고 건전하고 균형 잡힌 자세로 임하기 때문이다. 그리고 무엇보다도 머리 속이 생활의 군더더기로 어지럽지 않기 때문이다.

한편 정상에 선 사람들 가운데는 외로움을 호소하는 사람이 많다. 그러나 그것은 사원과의 관계를 어떻게 유지하는가, 고객이나 예비 고객과의 대화를 어느 정도 즐기는가, 정상에 오르는 도중에 친구를 잃지 않았는가 하는 점에 달려 있다. 이런 위대한 사람의 심리에는 내가 이해할 수 없는 측면도 많다.

권력에 의해 자아가 부풀어 올라 사물이 정확히 보이지 않게 되고, 칭찬받을 일인 듯 고독을 호소하기 때문이다. 혹시 스스로를 가족이나 인류의 행복을 위해 바친 희생이라고 생각하는 것일까. 그렇게 생각하는 것이 그들만을 위한 일인지는 모르겠지만, 나는 그런 거물들에게 관심이 없다. 너도 나처럼 그들의 위대한 위세에 매력을 느끼지 않기를 바란다. 내가 생각하는 성공한 사람은 대부분의 문제에 대해서 지적인 대화가 가능하고, 두 손, 두 발로 세고도 남을 정도의 친구가 있으며, 심신의 건강과 함께 인생의 자유를 만끽하는 등 모든 면에서 중용을 신조로 하는 사람들이다. 나는 그런 인물이 정상에 섰을 때 감명을 받는단다.

너는 최근에 와서야 우리 회사의 사장 후보가 되었음을 기억해야 한다. 가족이 소유하는 회사의 대다수는, 그리고 가족 소유가 아닌 회사도 일반 사원을 밀어 제치고 가족을 먼저 승진시키는 경향이 있다. 그러나 많은 경우, 애정이나 가족에 대한 의무감 때문에 그 지위를 얻은 사장은 임기의 반도 채우지 못하고 중대한 곤란에 직면하곤 한다. 때문에 나는 너의 경제적인 안정을 위해서라도(그래서 매년 다시 고쳐 쓰는 유언장 속에) 내가 서둘러 '없어지는' 경우를 대비하여 회사를 맡길 인물을 이전부터 계속 찾아왔다. 그러니까 너는 노력,

능력의 활용, 지식의 축적을 통해서 그 지위와 명예를 1등으로 따낸 것이다.

끝으로, 윌리엄 워즈워드의 말을 빌려 너의 자질에 관한 내 개인적인 평가에 또 하나를 추가하겠다.

"어제를 즐겁게 돌아보고, 내일을 확신하는 사람"

오늘 밤 집에 돌아가면 너의 집사람은 네 조끼 단추를 몇 개품 다시 달아주어야 할 것이다. 나 역시 하늘을 찌를 듯이 기쁘구나. 그러니 내친김에 내 조끼의 단추도 달아주지 않겠니?

— 전 사장으로부터

뒤는 너에게 맡긴다

아버지는 은퇴를 표명했다. 아들은 이사의 한 사람으로 회사에 남아
달라고 진심으로 설득하지만 아버지는 듣지 않는다.

너는 내게 앞으로도 이사로서 회사에 남아, 형식적으로나마 회사
의 경영에 참여해달라고 했다. 그러나 누구나 자존심이 있듯이 나도
결코 예외는 아니란다. 그런 부탁을 받아 기쁘기는 하지만, 나는 그
것이 가까운 장래는 물론이고 건전하고 현명한 장기적인 계획에도
전혀 도움이 되지 않는다고 생각한다.

가족끼리 사업을 일으켜 번영시키는 사람들은 지금까지 많은 일
을 적절히 처리하여 왔다. 그렇지 않다면 오늘의 그들은 있을 수 없
었겠지. 그러나 이 사실을 염두에 두고 볼 때, 종종 이 사람(가족)들이
회사의 발전을 지속시킨다는 명제 아래 역효과를 거두고 있다는 사
실에 놀라지 않을 수 없다.

실제로 그들이 곧잘 내리는 어리석은 결정의 결과 사업이 시베리아의 불모지대로 내몰리는 경우도 드물지 않단다. 제일 큰 실수는 자신들이 영원히 산다는 가련한 확신이지만, 더욱 가슴 아픈 일은 비틀비틀 지팡이에 매달려 오늘이 무슨 요일인지도 기억하지 못하면서 자신은 아주 유능한 관리자라고 확신하고 있는 경우이다. 그들은 그 고집과 끈기 덕분에 고난을 극복하고 사업을 키울 수 있었다. 그러나 바로 그 점이 지금은 거꾸로 회사를 존속시키는 데 빼놓을 수 없는 혈액 순환을 가로막고 있는 것이지. 나는 그런 모습을 묘비에 새기고 싶지 않구나.

그런가 하면 후계자에 대한 창업자의 지나친 배려 때문에 두 번째 실수가 발생한다. 즉 좀처럼 경영에서 손을 떼지 않고 후계자에게 완전히 권한을 넘겨주지 않는 형태이다. 그렇다보니 후계자가 내리는 결정에 대해서 하나하나 참견을 하고, 겨우 짜낸 뛰어난 계획마저 뒤집어버리는 경우가 드물지 않다. 옛말에 '사공이 많으면 배가 산으로 올라간다.'고 했다. 두 사람의 인간이 완전히 같은 생각을 가질 수는 없으며, 이 두 사람이 주도권을 다투면 대개 처참한 결말을 맞는다.

창업주의 나이가 나 정도 되면 대개의 가족 경영 회사는 어려움을 겪는다. 그 결과 완전히 망한 회사도 있고 한 세대 만에 매각된 곳도 있는데, 대부분 유능한 후계자가 선택되었음에도 그 특성을 발휘할 기회가 주어지지 않은 것이 원인이었다. 한 사람이 일생을 바쳐 사업 세계의 광야에 쌓아올려 드디어 홀로 서기를 시작한 기업체가, 창업자와 함께 사라져가는 것을 보면 가슴이 아프다. 우리 조국 캐나다가 국제 경제에서 살아 남기 위해서라도 이러한 기업체를 반드시 살려야 한다.

창업자가 이런 점을 염두에 두지 않으면 대부분의 회사는 외국의 선발 회사에게 소유될 것이다. 그것이 모두 나쁜 일이라고는 말할 수 없지만, 모두 좋은 일이라고 말할 수도 없다. 2세대, 3세대를 거치며 착실히 성장하여 드디어는 전국적인 대기업으로 발전하는 데 필요한 자본의 축적이 곤란해지기 때문이다. 그러니 반드시 기억하여라. 이러한 전국 규모의 민간 대기업이야말로 캐나다 자립 경제 구조의 기본이 된다는 사실 너는 이제 후계자가 되었다. 부모의 도움도 조금은 있었지만 대부분은 네 노력의 결실이다. 그러니 나는 더 이상 너의 일에 참견할 생각이 없다(그런 것도 묘비에 새기고 싶지 않다. 위대한 신을 영접할 날이 가까워지니 이런 것까지 걱정하게 된다)! 너는 모든 면에서 일인자가 되었고, 오랜 세월 쌓아온 노력의 성과를 거둘 때가 왔다. 그 동안 나는 너의 자주성 향상에 도움을 주고자 노력했다. 그 결과 자주성은 이미 너의 성격으로서 네 속에 확실히 뿌리 박혀 있지만, 내가 옆에서 독촉하거나 애태우면 그 특성을 발휘할 기회는 없겠지.

우리가 취한 교묘한 결정의 하나는 되도록 우수한 금융, 법률, 재무 전문의 두뇌들로 주위를 든든하게 하는 것이었다. 실제로 그들은 각자의 분야에서 능력만큼 보수를 받으며 우리에게 조언을 해주었다. 이 사람들이 이제 너에게도 지원의 손길을 내밀고, 너의 행복에 개인적인 관심을 가져줄 것이다. 자기들의 수입원을 확보하기 위해서만이 아니라, 그들 역시 성장하는 회사에 관심을 갖지 않을 수 없기 때문이다. 이 사람들과 몇 명의 외부 이사들(이 변화무쌍한 세계에 사는 활동적인 사업가들)은 네가 원한다면 언제라도 너의 보호자, 수호 천사이다. 그러니 반드시 기억하여라. 이러한 전국 규모의 민간 대기업이야말로 캐나다 자립 경제 구조의 기본이 된다는 사실 너는 이제 후계자가 되었다. 부모의 도움도 조금은 있었지만 대부분은 네 노력의 결실이다. 그러니 나는 더 이상 너의 일에 참견할 생각이 없다(그런 것도 묘비에 새기고 싶지 않다. 위대한 신을 영접할 날이 가까워지니 이런 것까지 걱정하게 된다)! 너는 모든 면에서 일인자가 되었고, 오랜 세월 쌓아온 노력의 성과를 거둘 때가 왔다. 그 동안 나는 너의 자주성 향상에 도움을 주고자 노력했다. 그 결과 자주성은 이미 너의 성격으로서 네 속에 확실히 뿌리 박혀 있지만, 내가 옆에서 독촉하거나 애태우면 그 특성을 발휘할 기회는 없겠지.

우리가 취한 교묘한 결정의 하나는 되도록 우수한 금융, 법률, 재무전문의 두뇌들로 주위를 든든하게 하는 것이었다. 실제로 그들은 각자의 분야에서 능력만큼 보수를 받으며 우리에게 조언을 해주었다. 이 사람들이 이제 너에게도 지원의 손길을 내밀고, 너의 행복에 개인적인 관심을 가져줄 것이다. 자기들의 수입원을 확보하기 위해서만이 아니라, 그들 역시 성장하는 회사에 관심을 갖지 않을 수 없기 때문이다. 이 사람들과 몇 명의 외부 이사들(이 변화무쌍한 세계에 사는 활동적인 사업가들)은 네가 원한다면 언제라도 너의 보호자, 수호 천사, 나아가 부모가 되어줄 것이다. 그들은 능력도, 경험도 풍부하므로 필시 너를 이끌어 각종 곤란에서 구해줄 것이다. 다만 이 헤아릴 수 없이 가치 있는 자원을 어떻게 활용할 것인가는 너에게 달려 있다. 네가 그들에게 지원을 받는 데에만 치중한다면, 일부러 수정 구슬을 들여다

보지 않아도 머지않아 네가 재무적 타격을 받을 것이라고 경고할 수 있다. 그것도 필요 이상으로 큰 상처가 될 것이라고 말이다.

지금 내가 뒤를 너에게 다 맡기는 이유는 실로 단순하다. 어젠가 너는 눈을 떠도 나는 뜨지 못하는 날이 올 것이기 때문이다. 그때 너는 남은 가족을 돌보아야 할 뿐만 아니라, 바로 회사의 경영과도 맞서야 한다. 즉 수호천사라고 생각하던 창업자가 드디어 천사가 된 후 12개월 이내에 회사는 위기에 직면한다. 창업자가 떠난 지금 회사는 어떻게 될까 누구나 궁금해 하겠지. 거래 은행, 사원, 고객, 너의 친구, 심지어 경쟁 업체까지도 눈빛을 반짝이며 주시할 게다. 실제로 우리 회사에는 각각의 이해가 얽혀 있는데, 은행으로서는 대부 자금, 사원으로서는 일자리, 고객으로서는 상품이나 서비스의 질, 친구로서는 너의 행복. 경쟁 업체로서는 너에게 탈취해갈 수 있는 것 등. 이 시점에서는 너의 가벼운 말 한마디만으로 귀중한 사원이 새롭게 직장을 찾기 시작할 수도 있으며, 은행은 신경질을 부리며 너의 대출 한도를 축소시킬 수 있다.

언젠가 내가 이 영원한 여행을 떠나려 할 때, 네가 모두에게 다음과 같이 말해준다면 얼마나 마음이 편할까.

"아버지와의 이별은 개인적으로는 슬픈 일입니다만(이라고 너는 말해주겠지), 사업에는 아무런 영향도 없을 것입니다. 아버지는 10년간 사업에는 완전히 관여하지 않았습니다(혹시 내게 행운이 있다면 20년이라고 말할지도 모른다)."

그러니까 그때까지 회사를 경영해온 사람이 너이고, 아버지인 내가 아니었음을 알았을 때 모두가 가슴을 쓸어내리는 모습을 떠올리자.

그런 까닭으로 너는 언제나 유머와 인내력과 근면함으로 회사를 경영하고 성장시키면 좋겠다. 우리에게는 앞으로도 사적으로는 이야기를 나눌 기회가 있을 것이고, 종교나 정치 문제를 토론하고 검토하겠지. 단 너와 경영 방침을 짜내는 일은 결단코 하지 않을 작정이다. 그렇지만 나는 앞으로도 사교장에서 우리의 공통된 친구와 만날 테고, 그들에게서 너의 순조로운 사업상을 자세히 들을 것이다. 이미 몇 명의 친구가 너는 아버지를 닮았다고 말하고 있지만, 언젠가 그들은 1781년 에드먼드 버크의 말을 인용할지도 모른다. "그저 아버지를 닮은 것이 아니라 아버지 그대로였다."고.

네가 그것을 어떻게 받아들이든 내 기분이 좋아지는 것은 틀림없다.

오랜 세월 몸 바쳐 이룬 사업에서 어떻게 손을 뗄 수 있을까 라는 너의 걱정은 소용없다. 우선 제일 먼저, 너의 어머니가 20년 동안 겨울 휴가를 즐긴 건 두 번에 지나지 않는다. 나는 이 숫자를 고쳐 쓰려고 생각한다. 그리고 방치된 화단이나 정원수를 손질해서 내가 정원사로서도 보통이 아닌 솜씨를 가지고 있음을 보여주고 싶다. 물론 아직도 많은 물고기가 헤엄치는 북부의 호수가 낚시꾼을 기다리고 있고, 몇 마리의 꿩도 몸을 누일 적당한 냄비를 찾고 있다. 또한 비행기 조종사로서의 세월도 아직 끝나지 않았다. 사실이 아름다운 나라에는 아직 보지 못한 곳이 많다(걱정할 필요 없다. 부조종사를 데리고 가겠다. 그리고 이 부조종사는 고객을 잃고 싶지 않다면 내게 조종을 맡길 리 없다).

마지막으로, 읽고 싶었어도 시간이 없어 생각에만 머물렀던 책이 52권 있다. 그 중에 월 듀랜트의 『문명 이야기』란 두꺼운 책 10권은 포함되어 있지도 않다. 나는 이들을 한 권도 남김없이 시간이 닿는 대로 반드시 읽을 것이며, 동시에 지금까지 배울 수 없었던 역사나 철학의 중요한 문제에 대해서도 배우고 싶다.

이런 이유들로 나는 인생을 즐길 수 있단다. 그와 함께 하나 더 덧붙인다면 지금까지 여러 가지 조언을 한 만큼 백만 번째쯤의 조언이 될까? 연회석에서 예절을 지키듯이 인생에 있어서도 예절을 지켜야 함을 잊어서는 안 된다. 즉, 음식 그릇이 돌아 자기 앞에 오면 예의 바르게 자기가 먹을 분량을 덜어내어, 다음에 돌아오는 음식이 지체되지 않도록 하여라. 동시에 아직 돌아오지 않은 것은 바라지 말고, 자기 앞에 오기까지 기다려야 하는데, 이는 아이들에 대해서도, 아내에 대해서도, 지위에 대해서도, 부에 대해서도 마찬가지이다.

이 말을 쓴 에피쿠테타스는 기원후 50~120년에 살았던 사람으로, 그의 70년 생애는 아마도 학문과 교육에 바쳤을 것이 다. 그는 70년 동안 세상을 살면서 불과 몇 줄로 행복하고 결실 많은 인생의 완벽한 형태를 분명히 보여주고 있는데, 뭔가를 생각나게 하지 않는가.

나는 환생을 믿지 않지만 혹시 신의 세계에 그런 것이 있다면, 다음 세상에는 너의 아들로 태어나게 해달라고 할 것이다. 너의 아버지였기에 멋진 인생을 보낼 수 있었다(내 묘비에 이렇게 새겨주어도 좋다).

– 사랑을 담아, 아버지로부터

아버지는
가성비 최고의 스승이다

나는 대학에서 학생들을 가르치면서 틈틈이 시간을 내어, 아들에게 전해주고 싶은 것들을 글로 정리하여 〈아들아, 아들아〉라는 책을 발간한 적이 있다. 그런데 합리적이고 구체적인 표현을 잘하는 서구 문화권에서 발간된 아들에게 보내는 아버지의 편지 글을 담은 책을 발견하고는, 반가움과 설레임이 동시에 다가왔다. 막상 책을 읽어보니 정말 무릎을 탁 치며 흐뭇한 미소를 짓게 되는 경우가 한 두 번이 아니었다. 동서양을 넘어서 부모의 자녀에 대한 애틋함은 놀랍도록 비슷했고, 거의 일치하다시피 함을 확인했다.

회사를 설립하고 훌륭하게 경영하는 일은 그 자체만으로도 대단한 일이다. 이 책의 원저자인 킹슬리는 자수성가한 창업 경영자로 여러 기업들을 창업하여 성장시키고 자리잡도록 한 훌륭한 기업가이자 경영자이다.
그런데 창업세대들이 피땀 흘려 세운 기업들을 다음 세대로 안정적으로 승계하여 존속시키기란 그리 쉬운 일이 아니다. 당시에는 성공을 구가하던 빼어난 기업들도 수년의 시간이 흐른 뒤에는 흔적도 없이 자취를 감춘 사례가 한두 곳이 아니다. 물론 외부적인 환경변화에 적응하지 못하여 도태되는 경우도 있지만, 2,3세로 승계되는 과정에서 닥쳐오는 위기를 극복하지 못하고 사라진 기업들이 더 많다. 즉, 경영수업이 충분히 안된 상태에서 물려받다 보니, 그 무게를 감당하지 못하고 수성에 실패하게 되는 것이다.

이 책에서는 창업세대인 아버지가 아들에게 그냥 경영권만이 아닌 구체적인 경영 노하우와 철학에 대해 당부하는 내용을 담고 있다. 그것은 비단 경영의 승계를 위해서만이 아니라, 삶의 가치와 철학이 왜 중요한지를 구체적인 사례를 들어 상세하게 설명하고 있다. 단순히 아버지를 넘어 인생의 선배이자 스승으로서의 역할을 다하려는 진지함이 가득 담겨있는 것이다.

가정에서 자녀교육이 간과됨으로써 나약하고 허약한 정신상태로 성장하여 어른이 되는 것은 사회적으로도 매우 심각한 문제이다. 하지만 삶의 가치관을 확립하고 인성을 키우는 문제는 학교에서도 가르쳐주지 않는다. 더구나 정글과 같은 사회라는 생존현장에서는 더더욱 배우기 힘든 내용들이다. 결국 각각의 부모들이 찾아서 해결해야 하는 가정교육의 차원의 문제이다.

그런데 최근 우리사회에서 아빠찬스, 엄마찬스가 논란이 된 적이 있었다. 부모들의 왜곡된 자녀사랑은 사실 그 출발은 건전했으나 지나친 면이 있다. 자식들에게 좋은 환경을 제공해 주고자 하는 것은 인지상정일 수도 있다. 현재 청년층의 고민은 한두 가지가 아니다. 이들은 바늘구멍 같은 취업난은 물론이고, 어렵게 취업했더라도 천 정부지로 오른 집값에 결혼마저 미루게 되는 답답한 시대의 희생양들이다. 하지만 진정으로 우리가 자녀들에게 물려줘야 할 것은 취업시켜주고 집장만 해주는 일이 아니다. 더군다나 자녀의 역할을 거의 대신하다시피 하며 대신 선수로 뛰어주는 것은 올바르지 않은데다가 그 효과도 미지수다. 사랑의 차원을 넘어선 잘못된 방법이다.

"물고기를 잡아주지 말고 잡는 법을 알려주라."는 격언처럼, 진정으로 자녀를 위한다면 잘 성장하도록 도와주는 코칭 역할이 필요하다. 금수저를 물려줄 것이 아니라 이 세상을 제대로 살아가는 법을 알려주고, 진정으로 필요한 게 무엇인지를 깨닫게 해주는 것이 더 중요하다.

시대와 공간을 초월하여 그 가치와 존재감이 빛나는 도서를 우리는 '고전'이라고 부른다. 이 책은 그동안 몇 번 발행될 정도로 충분한 가치를 지니고 있다. 특히 지금과 같은 혼란하고 스피디한 이 시대에 재출간되어 삶의 진정한 가치를 자녀들과 공유하는 것은 사회적으로도 매우 긍정적이다. 또한 기계화되고 감정이 부족한 현대사회에 더욱 큰 공감과 반향을 일으킬 것으로 기대한다. 나아가 부모와 자식 간의 관계가 더욱더 진지하고 생산적으로 성숙되어 우리 사회가 행복하고 희망이 넘치는 살만한 곳이 되기를 기대해 본다.

김 대 식

사랑하는 나의 아들에게

초판 1쇄 · 2020년 12월 12일

지은이 · G. 킹슬리 워드
편 역 · 김대식
제 작 · ㈜봄봄미디어
펴낸곳 · 봄봄스토리
등 록 · 2015년 9월 17일(No. 2015-000297호)
전 화 · 070-7740-2001
이메일 · bombomstory@daum.net

ISBN 979-11-89090-40-1(03320)
값 15,000원